智能网联汽车专业"岗课赛证"融通活页式创新教材

汽车线控底盘与智能控制

组编　行云新能科技（深圳）有限公司
主编　游　专　杨秀芳　丁　芳
参编　吴立新　张国芬　李　萌
　　　魏　婕　李海宁　刘　英

机械工业出版社

本书共分为底盘线控系统认知、CAN 总线调试、线控转向系统调试、线控驱动系统调试、线控制动系统调试、线控悬架系统认知这 6 个能力模块，并下设 13 个任务。全书以"做中学"为主导，以程序性知识为主体，配以必要的陈述性知识和策略性知识，重点强化"如何做"，将必要的知识点穿插于各个"做"的步骤中，边学习、边实践，同时将"课程思政"融入课程的培养目标，在实训教学中渗透理论的讲解，使所学到的知识能够融会贯通，让学生具有独立思考、将理论运用于实践的动手能力，成为从事智能网联汽车相关工作的高素质技能型专业人才。

本书内容通俗易懂，可作为职业院校新能源汽车技术、智能网联汽车技术、智能网联汽车工程技术等相关专业的教材，也可供从事相关专业工作的工程技术人员阅读参考。

图书在版编目（CIP）数据

汽车线控底盘与智能控制 / 行云新能科技（深圳）有限公司组编；游专，杨秀芳，丁芳主编. —北京：机械工业出版社，2024.5（2025.6重印）

智能网联汽车专业"岗课赛证"融通活页式创新教材

ISBN 978-7-111-75931-7

Ⅰ.①汽⋯ Ⅱ.①行⋯ ②游⋯ ③杨⋯ ④丁⋯ Ⅲ.①汽车 – 线路 – 底盘 – 智能控制 – 教材 Ⅳ.①U463.1

中国国家版本馆CIP数据核字（2024）第107895号

机械工业出版社（北京市百万庄大街22号　邮政编码100037）
策划编辑：谢　元　　　　　　　　　责任编辑：谢　元
责任校对：甘慧彤　丁梦卓　闫　焱　封面设计：马精明
责任印制：李　昂
中煤（北京）印务有限公司印刷
2025年6月第1版第3次印刷
184mm×260mm・10印张・221千字
标准书号：ISBN 978-7-111-75931-7
定价：49.90元

电话服务　　　　　　　　　　网络服务
客服电话：010-88361066　　　机　工　官　网：www.cmpbook.com
　　　　　010-88379833　　　机　工　官　博：weibo.com/cmp1952
　　　　　010-68326294　　　金　书　网：www.golden-book.com
封底无防伪标均为盗版　　　机工教育服务网：www.cmpedu.com

智能网联汽车专业"岗课赛证"融通活页式创新教材

丛书编审委员会

主　　任　吴立新　行云新能科技（深圳）有限公司

副主任　吕冬明　机械工业教育发展中心
　　　　　　程安宇　重庆邮电大学
　　　　　　丁　娟　浙江天行健智能科技有限公司
　　　　　　王　潇　深圳市速腾聚创科技有限公司
　　　　　　谢启伟　北京中科慧眼科技有限公司

委　　员　陈纪钦　河源职业技术学院
　　　　　　邓剑勋　重庆电子科技职业大学
　　　　　　李　勇　山东交通职业学院
　　　　　　吴海东　广东轻工职业技术大学
　　　　　　谢　阳　惠州城市职业学院
　　　　　　徐艳民　广东机电职业技术学院
　　　　　　游　专　无锡职业技术学院
　　　　　　于晓英　山东交通职业学院
　　　　　　邹海鑫　深圳信息职业技术学院
　　　　　　张朝山　杭州科技职业技术学院

资源说明页

本书附赠 11 个富媒体资源，内含 9 个微课视频、2 个动画视频，总时长 36 分钟。

获取方式：

1. 微信扫码（封底"刮刮卡"处），关注"天工讲堂"公众号。
2. 选择"我的"—"使用"，跳出"兑换码"输入页面。
3. 刮开封底处的"刮刮卡"获得"兑换码"。
4. 输入"兑换码"和"验证码"，点击"使用"。

通过以上步骤，您的微信账号即可免费观看全套课程！

首次兑换后，微信扫描本页的"课程空间码"即可直接跳转到课程空间，或者直接扫描内文"资源码"即可直接观看相应富媒体资源。

课程空间码

序

  当前,全球汽车产业进入百年未有之大变革时期,汽车电动化、网联化和智能化水平不断提升,智能网联汽车已成为世界公认的汽车产业未来发展的方向和焦点。党的二十大报告提出:"建设现代化产业体系。坚持把发展经济的着力点放在实体经济上,推进新型工业化,加快建设制造强国、质量强国、航天强国、交通强国、网络强国、数字中国。"这为推动智能网联汽车发展、助力实体经济指明了方向。

  智能网联汽车是跨学科、跨领域融合创新的新产业,要求企业员工兼具车辆、机械、信息与通信、计算机、电气、软件等多维专业背景。从行业现状来看,大量从业人员以单一学科专业背景为主,主要依靠在企业内"边干边学"完善知识结构,逐步向跨专业复合型经验人才转型。这类人才的培养周期长且培养成本高,具备成熟经验的人才尤为稀缺,现有存量市场无法匹配智能网联汽车行业对复合型人才的需求。

  为了响应高速发展的智能网联汽车产业对素质高、专业技术全面、技能熟练的大国工匠、高技能人才的迫切需求,为了响应《国家职业教育改革实施方案》提出的"建设一大批校企'双元'合作开发的国家规划教材,倡导使用新型活页式、工作手册式教材并配套开发信息化资源"的倡议,行云新能科技(深圳)有限公司联合中职、高职、本科、技工技师类院校的一线教学老师与华为、英特尔、百度等行业内头部企业共同开发智能网联汽车专业"岗课赛证"融通活页式创新教材。

  行云新能在华为MDC智能驾驶技术的基础上,紧跟华为智能汽车的智能座舱—智能网联—智能车云全链条根技术和产品,构建以华为智能汽车根技术为核心的智能网联汽车人才培养培训生态体系,建设中国智能汽车人才培养标准。在此基础上,我们组织多名具有丰富教学和实践经验的汽车专业教师和智能网联汽车企业技术人员一起合作,历时两年,共同完成"智能网联汽车专业'岗课赛证'融通活页式创新教材"的编写工作。

  本套教材包括《智能网联汽车概论》《Arduino编程控制与应用》《Python人工智能技术与应用》《ROS原理与技术应用》《智能网联汽车传感器技术与应用》《智能驾驶计算平台应用技术》《汽车线控底盘与智能控制》《车联网技术与应用》《汽车智能座舱系统与应用》《车辆自动驾驶系统应用》《智能网联汽车仿真与测试》共十一本。

  多年的教材开发经验、教学实践经验、产业端工作经验使我们深切地感受到,教材建设是专业建设的基石。为此,本系列教材力求突出以下特点:

1）以学生为中心。活页式教材具备"工作活页"和"教材"的双重属性，这种双重属性直接赋予活页式教材在装订形式与内容更新上的灵活性。这种灵活性使得教材可以依据产业发展及时调整相关教学内容与案例，以培养学生的综合职业能力为总目标，其中每一个能力模块都是完整的行动任务。按照"以学生为中心"的思路进行教材开发设计，将"教学资料"的特征和"学习资料"的功能完美结合，使学生具备职业特定技能、行业通用技能以及伴随终身的可持续发展的核心能力。

2）以职业能力为本位。在教材编写之前，我们全面分析智能网联汽车技术领域的特征，根据智能网联汽车企业对智能传感设备标定工程师、高精度地图数据采集处理工程师、智能网联汽车测试评价工程师、智能网联汽车系统装调工程师、智能网联汽车技术支持工程师等岗位的能力要求，对职业岗位进行能力分解，提炼出完成各项任务应具备的知识和能力。以此为基础进行教材内容的选择和结构设计，人才培养与社会需求的无缝衔接，最终实现学以致用的根本目标。同时，在内容设置方面，还尽可能与国家及行业相关技术岗位职业资格标准衔接，力求符合职业技能鉴定的要求，为学生获得相关的职业认证提供帮助。

3）以学习成果为导向。智能网联汽车横跨诸多领域，这使得相关专业的学生在学习过程中往往会感到无从下手，我们利用活页式教材的特点来解决此问题，活页式教材是一种以模块化为特征的教材形式，它将一本书分成多个独立的模块，以某种顺序组合在一起，从而形成相应的教学逻辑。教材的每个模块都可以单独制作和更新，便于保持内容的时效性和精准性。通过发挥活页式教材的特点，我们将实际工作所需的理论知识与技能相结合，以工作过程为主线，便于学生在实际的操作过程中掌握工作所需的技能和加深对理论知识的认知。

总体而言，本活页式教材以学生为中心，以职业能力为本位，以学习成果为导向，让学生在教师指导下经历完整的工作过程，创设沉浸式教学环境，并在交互体验的过程中构建专业知识，训练专业技能，从而促进学生自主学习能力的提升。每一个任务均以学习目标、知识索引、情境导入、获取信息、任务分组、工作计划、进行决策、任务实施、评价反馈这九个环节为主线，帮助学生在动手操作和了解行业发展的过程中领会团结合作的重要性，培养执着专注、精益求精、一丝不苟、追求卓越的工匠精神。在每个能力模块中引入了拓展阅读，将爱党、爱国、爱业、爱史与爱岗教育融入课程中。为满足"人人皆学、处处能学、时时可学"的需要，本活页式教材同时搭配微课等数字化资源辅助学习。

虽然本系列教材的编写者在智能网联汽车应用型人才培养的教学改革方面进行了一些有益的探索和尝试，但由于水平有限，教材中难免存在错误或疏漏之处，恳请广大读者给予批评指正。

丛书编委会

前　言

党的二十大报告指出："统筹职业教育、高等教育、继续教育协同创新，推进职普融通、产教融合、科教融汇，优化职业教育类型定位。"产教融合是培养智能网联汽车产业端所需的具有高素质、全面专业技术、熟练技能的大国工匠及高技能人才的重要方式，也是我们教材体系建设的重要依据。

2022年11月上旬，工业和信息化部与公安部联合发布《关于开展智能网联汽车准入和上路通行试点工作的通知（征求意见稿）》。在电动化、智能化、网联化、共享化已成为汽车产业发展趋势的当下，政策的利好更进一步地推动了产业的健康发展。工业和信息化部数据显示，2022年上半年，我国具备组合驾驶辅助功能的乘用车销量达288万辆，渗透率提高至32.4%，同比增长46.2%。国家智能网联汽车创新中心数据显示，到2025年，我国智能网联汽车产业仅汽车部分新增产值将超过1万亿元；到2030年，汽车部分新增的产值将达到2.8万亿元。智能网联汽车行业的快速发展推进了该产业端对人才的需求，根据教育部等三部门联合印发的《制造业人才发展规划指南》，未来节能与新能源汽车人才缺口为103万人，智能网联汽车人才缺口为3.7万人，汽车行业技术人才、数字化人才非常稀缺。而智能网联汽车产业作为汽车、电子、信息、交通、定位导航、网络通信、互联网应用等行业领域深度融合的新兴产业，院校在专业建设时往往会遇到行业就业岗位模糊、专业建设核心不清等情况。在政策大力支持、产业蓬勃发展的大背景下，为满足行业对智能网联汽车技术专业人才的需要，促进中职、高职、职教本科类院校汽车类专业建设，特开发本教材。

本教材围绕智能网联汽车相关专业"岗课赛证"综合育人的教育理念与教学要求，基于"学生为核心、能力为导向、任务为引领"的理念编写。在对智能网联技术技能人才岗位特点、1+X职业技能等级证书和"校—省—国家"三级大赛体系进行调研的基础上，分析出岗位典型工作任务，进而创设真实的工作情景，引入企业岗位真实的生产项目，强化产教融合深度，从而构建整套系统化的课程体系。

本教材分为6个能力模块。能力模块一为底盘线控系统认知，讲解了线控底盘和线控底盘控制技术的基础知识；能力模块二为CAN总线调试，讲解了CAN总线的基础知识以及连接、解析、调试的方法；能力模块三为线控转向系统调试，讲解了线控转向系统的基本知识及标定、测试方法；能力模块四为线控驱动系统调试，讲解了线控驱动系统的基本知识及标定、测试方法；能力模块五为线控制动系统调试，讲解了线控制动系统的基本知识及标定、测试方法；能力模块六为线控悬架系统认知，讲解了线控悬架系统的基本知识与应用场景。各模块的教学安排参考如下表：

能力模块	理论学时	实践学时	权重
能力模块一　底盘线控系统认知	4	3	10.9%
能力模块二　CAN总线调试	6	5	17.2%
能力模块三　线控转向系统调试	6	8	21.9%
能力模块四　线控驱动系统调试	6	8	21.9%
能力模块五　线控制动系统调试	6	8	21.9%
能力模块六　线控悬架系统认知	4	0	6.2%
总计	32	32	100%

　　本书由无锡职业技术学院游专、扬州工业职业技术学院杨秀芳、安徽机电职业技术学院丁芳主编；行云新能科技（深圳）有限公司吴立新、无锡职业技术学院张国芬、无锡职业技术学院李萌、无锡职业技术学院魏婕、行云新能科技（深圳）有限公司李海宁、行云新能科技（深圳）有限公司刘英参与编写。

　　由于编者水平有限，本书内容的深度和广度难免存在欠缺，欢迎广大读者批评指正。

编　者

活页式教材使用注意事项

 根据需要,从教材中选择需要夹入活页夹的页面。

 小心地沿页面根部的虚线将页面撕下。为了保证沿虚线撕开,可以先沿虚线折叠一下。注意:一次不要同时撕太多页。

 选购孔距为80mm的双孔活页文件夹,文件夹要求选择竖版,不小于B5幅面即可。将撕下的活页式教材装订到活页夹中。

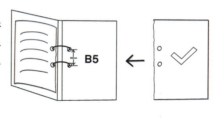

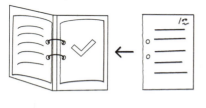 也可将课堂笔记和随堂测验等学习资料,经过标准的孔距为80mm的双孔打孔器打孔后,和教材装订在同一个文件夹中,以方便学习。

温馨提示:在第一次取出教材正文页面之前,可以先尝试撕下本页,作为练习

目 录

序
前言

能力模块一

底盘线控系统认知 /001

任务一　调研分析线控底盘 /001
任务二　调研分析线控底盘控制技术 /013

能力模块二

CAN 总线调试 /025

任务一　调研分析 CAN 总线 /025
任务二　连接调试 CAN 总线 /035
任务三　解析调试 CAN 信号 /046

能力模块三

线控转向系统调试 /057

任务一　调研分析线控转向系统 /057
任务二　标定测试线控转向系统 /070

能力模块四 04

线控驱动系统调试 /082

任务一　调研分析线控驱动系统　/082
任务二　标定测试线控驱动系统　/094

能力模块五 05

线控制动系统调试 /104

任务一　调研分析线控制动系统　/104
任务二　标定测试线控制动系统　/116

能力模块六 06

线控悬架系统认知 /125

任务一　调研分析线控悬架系统　/125
任务二　调研分析线控悬架系统应用场景　/135

能力模块一 底盘线控系统认知

任务一 调研分析线控底盘

学习目标

知识目标
1）掌握线控底盘的定义与组成。
2）掌握线控底盘的特点。
3）了解线控底盘的未来发展趋势。

技能目标
1）能够认知底盘线控系统测试装调实验实训台的结构。
2）能够认知线控底盘子系统的类型。

素养目标
1）认真严谨，积极主动，安全生产，文明施工。
2）获得多途径检索知识、分析解决问题以及多元化思考解决问题的方法，形成创新意识。
3）严格执行各项规章制度及6S现场管理，培养精益求精的工匠精神。

知识索引

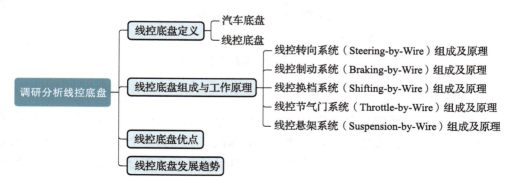

汽车线控底盘与智能控制

情境导入

汽车线控底盘主要由线控转向、线控制动、线控换档、线控节气门以及线控悬架五大系统组成。线控底盘系统取消了大量的机械连接装置及液压、气压等辅助零部件,可以提升汽车能量利用效率,进而提升新能源汽车续驶里程。行业目前的共识是"无线控,不自动驾驶"。作为一名测试工程师,你将要给新入职员工讲解线控底盘的结构与优点。

获取信息

 引导问题 1

请查阅相关资料,简述汽车底盘的作用。

_____

_____

_____

线控底盘定义

1. 汽车底盘

汽车底盘由传动系统、行驶系统、转向系统和制动系统四部分组成(图 1-1-1),底盘作用是支承、安装汽车发动机及其各部件、总成,形成汽车的整体造型,并接收来自发动机动力,使汽车产生运动,保证正常行驶。

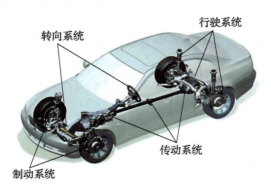

图 1-1-1 汽车底盘结构图

2. 线控底盘

智能网联汽车的线控底盘像是我们的手脚,起到控制执行等作用,是自动驾驶控制技术的核心硬件。线控底盘是自动驾驶与新能源汽车中间的一个结合点,它是实现无人驾驶的关键载体。现在有很多纯电动汽车的底盘已经具备了部分线控能力。而线控转向和线控制动是面向自动驾驶执行端方向最核心的产品，其中又以制动技术难度最高。

那线控底盘为什么叫作线控呢？是因为底盘使用了线（电信号）的形式来取代传统的机械、液压或气压等形式的连接。

> **引导问题 2**
>
> 请查阅相关资料，简述汽车线控底盘有哪些子系统。
> _____
> _____
> _____

线控底盘组成与工作原理

汽车线控底盘分为线控转向、线控制动、线控换档、线控节气门、线控悬架五个子系统，其中线控换档系统和线控节气门系统也合称为线控驱动系统。从执行端来看，线控节气门、线控换档、线控悬架技术虽然都很成熟，但最为关键的转向和制动系统目前还没有一套可以适用于 L4 级别自动驾驶（由车辆完成所有驾驶操作，驾驶员不需要集中注意力，但限定道路和环境条件）的稳定的量产产品。

在后续的任务中，我们将对线控转向系统、线控驱动系统、线控制动系统以及线控悬架系统等子系统进行详细讲解。

1. 线控转向系统（Steering-by-Wire）组成及原理

狭义上说，线控转向系统（SBW）特指没有机械连接的转向系统，这是从系统的结构上进行的一个区分。但着眼于功能，从广义上说，任何能够将驾驶员输入和前轮转角之间解耦的转向系统都可以看成是 SBW 系统。

（1）组成结构

线控转向系统由路感反馈总成、转向执行总成、控制器以及相关传感器组成，结构如图 1-1-2 所示，其中①~④为电动机可能安装的位置，而⑤为电磁离合器。根据有无⑤，SBW 系统可以分为保留机械软连接的 SBW 系统和无机械连接的 SBW 系统两大类。再根据转向电动机的数量、布置位置与控制方式不同，目前线控转向系统的典型布置方式可分为 5 类，即单电动机前轮转向、双电动机前轮转向、双电动机独立前轮转向、后轮线控转向和四轮独立转向。

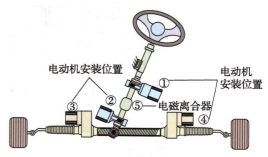

图 1-1-2 线控转向系统结构图

（2）工作原理

汽车线控转向系统的工作原理如图 1-1-3 所示。系统通过传感器检测驾驶员的转向数据，然后通过数据总线将信号传递至车上的 ECU（电子控制单元），并从转向控制系统获得反馈命令；转向控制系统也从转向操纵机构获得驾驶员的转向指令，并从转向系统获得车轮情况，从而指挥整个转向系统的运动。转向系统控制车轮转到需要的角度，并将车轮的转角和转向转矩反馈到系统的其余部分，比如转向操纵机构，以使驾驶员获得路感，这种路感的大小可以根据不同的情况由转向控制系统控制。

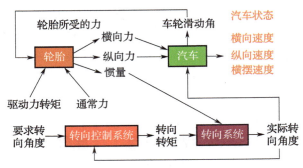

图 1-1-3 线控转向系统的工作原理

2. 线控制动系统（Braking-by-Wire）组成及原理

（1）组成结构

线控制动系统与传统制动系统有显著的差别，典型的线控制动系统主要由图 1-1-4 所示的五部分组成。

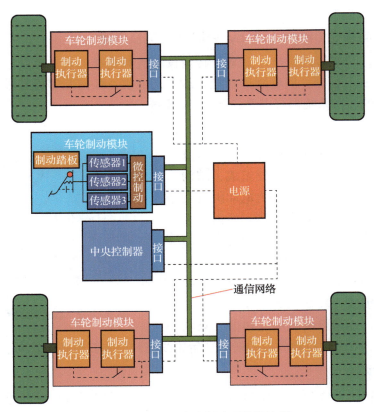

图 1-1-4 汽车线控制动系统结构图

1）传感器。传感器分为制动踏板位移传感器、制动压力传感器、轮速传感器等。电子制动踏板中的传感器一般同时安装位移传感器、角度传感器和压力传感器，有利于故障检测。

2）中央控制器（ECU）。ECU 接收制动踏板发出的各类信号，以此确定驾驶员意图或者判断整车动力学状态，并将控制信号通过总线发送给各个执行器控制器。执行器控制器接收来自主控制器的动作信号，控制电动机使执行器产生所期望的目标制动压力。

3）执行单元。包括电制动器或液压制动器等，接收 ECU 的指令进行制动执行。

4）通信单元。车载网络包括 TTP/C、CAN 总线，传感器的信号通过网络传输到 ECU。

5）电源。线控制动系统工作需要的总功率在 12kW 左右，而目前的 12V 电源只能提供 3kW 左右的功率。

（2）工作原理

驾驶员踩下制动踏板后，系统通过制动踏板传感器检测出踏板加速度、位移以及踏板力的大小等制动信号。ECU 单元通过车载网络接收制动指令信号，且综合当前车辆行驶状态下的其他传感器信号计算出每个车轮各自实时所需的最佳制动力。每个车轮独立的制动模块（图 1-1-4）接收 ECU 的输出信号控制电机的转速完成转矩响应，然后控制 EMB（电子机械制动系统）执行器来产生相应的制动力实现制动。为了保证车辆制动平稳可靠，ECU 将实时监测各制动单元、各传感器的反馈信息，及时调整制动力的大小。

3. 线控换档系统（Shifting-by-Wire）组成及原理

（1）组成结构

线控换档系统的基本模块包括：控制器、电子档位选择模块、发动机与变速器模块、换档执行器模块以及整车信号模块。目前各大主机厂推出了各式各样的、科技感十足的换档方式，大致分为按键式、旋钮式、怀档式和档杆式四种，如图 1-1-5 所示。

图 1-1-5　线控换档系统的换档方式

（2）工作原理

电子换档选择模块将档位信号发送给控制器，控制器再结合整车信号判断是否处于可以操作的状态，确认没有隐患则向换档执行器发送相应的换档信号，执行器则进行换档操作，同时将换档切换信息显示到仪表盘，从而完成原机械换档操作以及动作反馈；如果存在隐患，则将隐患信息发送到仪表盘，提醒驾驶员采取相应的措施。

4. 线控节气门系统（Throttle-by-Wire）组成及原理

（1）组成结构

线控节气门系统即电子节气门系统，主要的结构由加速踏板、传感器、控制单元、传递线路以及节气门执行器组成，如图1-1-6所示。线控节气门系统的传感器主要包括加速踏板传感器、节气门开度传感器、车速传感器、氧传感器等。

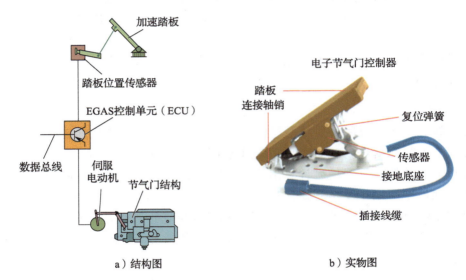

图1-1-6　线控节气门系统结构

（2）工作原理

位移传感器安装在加速踏板内部，随时监测加速踏板的位置。当监测到加速踏板高度位置有变化，会瞬间将此信息送往ECU。ECU对该信息和其他系统传来的数据信息进行运算处理，计算出一个控制信号，通过线路送到伺服电动机继电器，伺服电动机驱动节气门执行机构。数据总线则是负责系统ECU与其他ECU之间的通信。

5. 线控悬架系统（Suspension-by-Wire）组成及原理

（1）组成结构

线控悬架系统（图1-1-7）主要由模式选择开关、传感器、电控单元、可调阻尼减振器、高度控制阀和弹性元件等部件组成。

（2）工作原理

当汽车在路面行驶时，传感器将汽车行驶的路面情况（汽车的振动）和车速及起动、加速、转向、制动等工况转变为电信号，输送给电子控制单元（ECU）；ECU将传感器送入的电信号进行综合处理，输出对悬架的刚度、阻尼及车身刚度进行调节的控制信号，如图1-1-8所示。

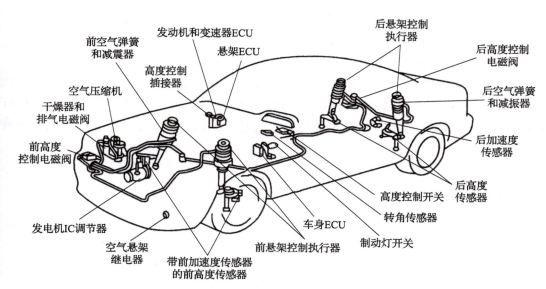

图 1-1-7　丰田雷克萨斯 LS400 电控悬架系统

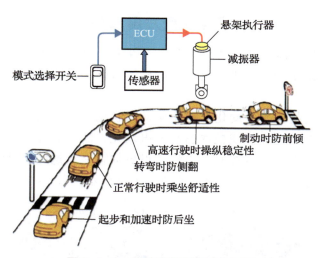

图 1-1-8　线控悬架系统工作原理

引导问题 3

请查阅相关资料,简述线控底盘的优点。

_____
_____
_____

线控底盘优点

线控底盘系统取消了大量的机械连接装置及液压/气压等辅助装置,跟传统汽车底盘相比,它具有如下优点:

汽车线控底盘与智能控制

1）有助于提升车辆安全性，具备响应速度快和控制精度高的特点。
2）减少了力在传导过程中能量的损耗。
3）使磨损部件减少，维护成本降低。

同时，线控底盘技术的发展将大幅提升汽车能量利用效率，提升新能源汽车的续驶里程。基于新能源专用平台设计生产的新能源汽车底盘经过重新设计，可以更好地适应各线控装置的布局，同时更高的电气化水平可以有效支撑线控底盘系统的正常运行。

 引导问题 4

请查阅相关资料，简述线控底盘的发展趋势。

_____
_____
_____

线控底盘发展趋势

随着汽车行业的发展，消费者对汽车安全性的要求越来越高，汽车底盘中的主要系统经历了从机械系统为主，迈向电子辅助机械系统，再通往线控技术系统的技术发展阶段。

汽车行业的发展趋势是电动化、智能化、网联化、轻量化。那么底盘技术的发展也就不言而喻，新增电池壳使线控底盘趋向电动化，随着芯片处理系统、多传感器深度融合、深度学习的发展，线控底盘也将变得更加智能。这些都是线控底盘未来的样子：更加智能、节能、环保、轻量化，如图 1-1-9 所示。

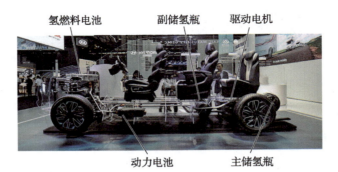

图 1-1-9 未来新能源汽车线控底盘

任务分组

学生任务分配表见表 1-1-1。

表 1-1-1　学生任务分配表

班级		组号		指导教师	
组长		学号			
组员角色分配					
信息员		学号			
操作员		学号			
记录员		学号			
安全员		学号			
任务分工					
（就组织讨论、工具准备、数据采集、数据记录、安全监督、成果展示等工作内容进行任务分工）					

工作计划

按照前面所了解的知识内容和小组内部讨论的结果，制定工作方案，落实各项工作负责人，包括任务实施前的准备工作、实施中主要操作及协助支持工作、实施过程中相关要点及数据的记录工作等（表 1-1-2）。

表 1-1-2　工作计划表

步骤	工作内容	负责人
1		
2		
3		
4		
5		
6		
7		
8		

进行决策

1）各组派代表阐述资料查询结果。
2）各组就各自的查询结果进行交流，并分享技巧。
3）教师对各组的计划方案进行点评。
4）各组长对组内成员进行任务分工，教师确认分工是否合理。

任务实施

引导问题 5

扫描二维码观看视频,认知底盘线控系统测试装调实验实训台,并简述操作要点。

底盘线控系统的工作原理

_____

_____

参考操作视频,按照规范作业要求完成操作步骤,完成数据采集并记录(表1-1-3~表1-1-5)。

表1-1-3 实训准备

序号	设备及工具名称	数量	设备及工具是否完好
1	底盘线控系统测试装调实验实训台	1台	□是 □否
质检意见	原因:		□是 □否

表1-1-4 底盘线控系统认知

序号	步骤	记录	完成情况
1	线控转向系统包括:转向电动机、转向电动机控制器、转矩转角传感器		已完成□ 未完成□
2	线控驱动系统包括:驱动电机、温度传感器、旋变传感器		已完成□ 未完成□

（续）

序号	步骤	记录	完成情况
3	线控制动系统包括：制动泵、伺服电动机、制动推杆		已完成☐ 未完成☐
总结提升			已完成☐ 未完成☐
质检意见	原因：		已完成☐ 未完成☐

表 1-1-5　台架其他部件认知

序号	步骤	记录	完成情况
1	"底盘线控系统测试装调实验实训台"还配备了一体机、显示器、故障检测端子面板、CAN 收发器、座椅、车轮等		已完成☐ 未完成☐
2	台架配备的一体机采用 i5 处理器、8GB 内存、128GB 硬盘；显示器采用 1920×1080 分辨率		已完成☐ 未完成☐
3	故障检测端子面板，设置有故障设置区域和故障检测端子面板		已完成☐ 未完成☐
总结提升			已完成☐ 未完成☐
质检意见	原因：		已完成☐ 未完成☐

评价反馈

1）各组代表展示汇报 PPT，介绍任务的完成过程。

2）以小组为单位，对各组的操作过程与操作结果进行自评和互评，并将结果填入表 1-1-6 中的小组评价部分。

3）教师对学生工作过程与工作结果进行评价，并将评价结果填入表 1-1-6 中的教师评价部分。

表 1-1-6　综合评价表

班级		组别		姓名		学号	
实训任务							
评价项目		评价标准			分值		得分
小组评价	计划决策	制定的工作方案合理可行，小组成员分工明确			10		
	任务实施	能够正确检查并设置实训工位			5		
		能够准备和规范使用工具设备			5		
		能够正确认知底盘线控系统			20		
		能够正确认知台架及其部件			20		
		能够规范填写任务工单			10		
	任务达成	能按照工作方案操作，按计划完成工作任务			10		
	工作态度	认真严谨，积极主动，安全生产，文明施工			10		
	团队合作	小组组员积极配合，主动交流，协调工作			5		
	6S 管理	完成竣工检验，现场恢复			5		
		小计			100		
教师评价	实训纪律	不出现无故迟到、早退、旷课现象，不违反课堂纪律			10		
	方案实施	严格按照工作方案完成任务实施			20		
	团队协作	任务实施过程互相配合，协作度高			20		
	工作质量	能准确完成认知底盘线控系统测试装调实验实训台的任务			20		
	工作规范	操作规范，三不落地，无意外事故发生			10		
	汇报展示	能准确表达，总结到位，改进措施可行			20		
		小计			100		
综合评分		小组评价分 ×50%＋教师评价分 ×50%					
总结与反思							
（如：学习过程中遇到什么问题→如何解决的/解决不了的原因→心得体会）							

任务二　调研分析线控底盘控制技术

学习目标

知识目标
1）了解线控底盘控制技术的分类。
2）掌握线控底盘控制技术的优缺点。
3）了解线控底盘控制技术的发展趋势。

技能目标
1）能够分析线控底盘的控制过程。
2）能够分析线控底盘的控制策略。

素养目标
1）认真严谨，积极主动，安全生产，文明施工。
2）获得多途径检索知识、分析解决问题以及多元化思考解决问题的方法，形成创新意识。
3）严格执行各项规章制度及6S现场管理，培养精益求精的工匠精神。

知识索引

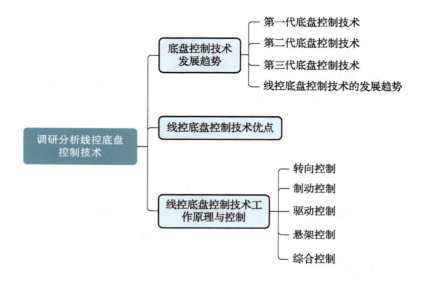

情境导入

目前汽车上几乎所有操纵控制都可以采用线控技术,线控技术及线控汽车的研究已经成为各国汽车行业研究的热点,很多量产汽车已经采用了较多的线控底盘技术。作为一名测试工程师,你已经向新员工讲述了线控底盘各个系统的组成结构与工作原理,接下来你要帮助他了解线控底盘控制技术。

获取信息

引导问题 1

请查阅相关资料,简述汽车底盘控制技术的发展趋势。

_____
_____
_____

底盘控制技术发展趋势

20 世纪 70 年代以前,影响汽车动力学性能的底盘控制技术还只是机械工程大类领域的一个普通分支学科。随着社会经济的发展和生活水平的提高,人们对汽车的安全性、舒适性和操纵稳定性的要求也越来越高,汽车底盘控制技术开始逐渐被更加重视,并成为了汽车工程领域专门研究的一项内容。截至目前,汽车底盘控制技术的发展主要分为三个阶段,如图 1-2-1 所示。

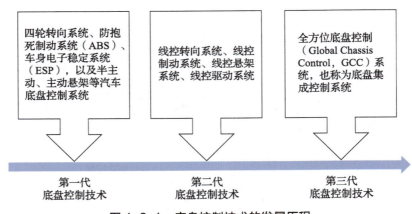

图 1-2-1 底盘控制技术的发展历程

1. 第一代底盘控制技术

第一代底盘控制技术是汽车底盘控制技术发展的最初阶段,由于它兴起较早,某些技术也已发展得比较成熟。其代表是四轮转向系统、防抱死制动系统、车身电子稳定系统等电子控制系统在汽车上的运用。

2. 第二代底盘控制技术

第二代底盘控制技术大大地降低了车辆机械系统的复杂程度，控制单元可以随时监测车辆的实时运行工况，给车辆发出最佳控制信号，显著提升了车辆的操控性、舒适性和安全性。其代表有线控转向系统、线控制动系统、线控悬架系统、线控驱动系统。

3. 第三代底盘控制技术

第三代底盘控制技术是全方位底盘控制，即车辆底盘的集成控制。近年来，车辆底盘的集成控制进入快速发展阶段。底盘集成控制研究是在各子系统成熟发展的基础上建立起来的，它主要是将现有的子控制系统进行协调控制，来发挥它们的最佳效果，改善车辆的动力学性能。

4. 线控底盘控制技术的发展趋势

随着汽车电子技术的快速发展，汽车的发展趋势（图 1-2-2）是集成化、模块化、机电一体化以及智能化。汽车底盘系统线控化将从部分子系统线控化逐渐演进到全局线控化，多系统多控制器将逐渐被域控制器取代。

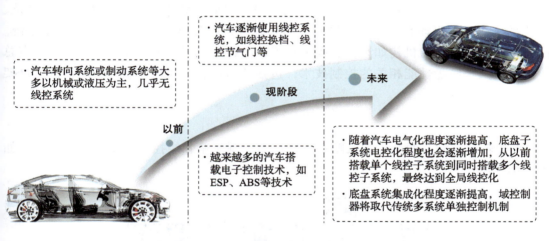

图 1-2-2　线控底盘控制技术发展趋势

❓ 引导问题 2

请查阅相关资料，简述线控底盘控制技术的优点。

_____

_____

线控底盘控制技术优点

线控底盘技术的引入相对于传统汽车技术而言，主要有如下优点：

1）优化原有机械机构，实现更加灵活的功能系统布置。

2）使用电动机作为执行器的线控底盘整体上减轻了系统重量，从而减轻整车重量，有利于节能环保与轻量化。

3）采用线控底盘技术的汽车更加易于进行二次开发，实现更多的定制化功能。

4）由于具备电信号控制的执行机构，从而为自动驾驶系统开发准备了良好的基础。

> **引导问题 3**
>
> 请查阅相关资料，简述线控转向执行控制策略的含义与层次。
> _____
> _____
> _____

线控底盘控制技术工作原理与控制

理论上汽车所有的系统均可设计成线控系统，如与驾驶员操纵相关的转向系统、制动系统、动力驱动系统、离合器和换档系统等，以及影响乘坐舒适性的悬架系统。目前一些操纵简单的机构如车窗、刮水器等，已经全面实现了线控技术。下面重点总结分析与汽车底盘性能相关的控制技术，包括转向控制、制动控制、驱动控制、悬架控制及综合控制。

1. 转向控制

线控转向控制有两个控制策略：路感反馈控制策略和线控转向执行控制策略，如图 1-2-3 所示。

图 1-2-3　转向控制流程图

（1）路感反馈控制策略

路感反馈控制策略根据驾驶意图、车辆状况与路况，过滤不必要的振动，实时输出路感反馈力矩指令。

路感反馈力矩估计一般有以下三种方法：

1）传感器测量方法。

2）参数拟合方法。

3）基于动力学模型的方法。

（2）线控转向执行控制策略

线控转向执行控制根据当前路况和车辆行驶状态，提出控制目标和约束条件，并对难以直接测量的状态或参数进行观测和辨识，计算出期望的车轮转角指令，由转向电动机执行。转向控制示意图如图1-2-4所示。

线控转向控制执行分为以下两个层次：

1）上层控制策略进行车辆运动状态控制。

2）下层控制策略准确、快速地实现该车轮转角。

图1-2-4 转向控制示意图

2. 制动控制

线控制动系统控制主要包括踏板力模拟控制和制动稳定性控制，制动控制流程如图1-2-5所示。

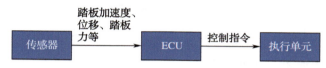

图1-2-5 制动控制流程图

（1）踏板力模拟控制

线控制动系统取消了制动踏板与液压主缸之间的机械连接，因而必须采用特定装置——踏板力模拟器来模拟制动踏板力感，保证给驾驶员类似于传统制动系统的制动踏板感觉。好的制动踏板力感是车辆良好性能的必要条件，是车辆用户满意度的一个重要指标。国外厂商在制动踏板力感方面已经进行了深入的研究，研究方法主要以试验为主，进行统计分析和归纳，得到制动踏板力、踏板行程、车辆减速度和制动踏板感觉之间的关系，从而针对不同类型驾驶员进行制动踏板力、踏板行程、车辆减速度之间的调整。踏板系统示意图如图1-2-6所示。

图1-2-6 踏板系统示意图

（2）制动稳定性控制

线控制动系统可独立控制四轮制动力，制动响应迅速、准确。控制器接收制动踏板发出的信号和车轮传感器信号，识别车轮是否抱死、打滑等，以控制车轮制动力。

目前国外对EHB（电子液压制动系统）系统的研究已经主要集中于产品开发，由于缺乏硬件支持，我国仅进行了相关理论研究工作。一些学者对线控液压制动系统的结构、工作原理进行了研究，建立了相应的数学模型，通过横摆力矩的轮间分配稳定性控制和轮缸压力决策，实现对汽车运动状态的调整，以提高汽车纵向及侧向的稳定性。还有一些学者建立了 EHB 正常工作时制动回路的液压系统模型，提出了基于单控制变量横摆角速度的稳定性控制策略，典型工况下的仿真结果表明：该控制算法能有效控制车辆在高速低附着路面工况下的稳定性。稳定系统示意图如图 1-2-7 所示。

图 1-2-7　稳定系统示意图

3. 驱动控制

驱动控制流程图如图 1-2-8 所示。

图 1-2-8　驱动控制流程图

线控驱动系统根据驾驶员动作和汽车各种行驶信息，分析驾驶员意图，精确控制动力装置（发动机或电机）输出功率和车轮驱动力以提高汽车动力性、经济性和操纵稳定性。

线控驱动系统一般由加速踏板总成（由加速踏板、踏板位置传感器组成）、驱动控制器、驱动执行器等组成。驾驶员踩下加速踏板，踏板位置传感器将位置信号传送至驱动控制器，驱动控制器将采集到的相关传感器信号经过处理后发送指令至驱动执行器，从而控制输出驱动力的大小。对于传统内燃机汽车，加速踏板与节气门之间通过电信号进行控制来取代原来的机械传动，这种形式又称为线控节气门；对于电动汽车，驱动执行器即为驱动电机，其可能是单电机（中央驱动电机），也可能是多轮独立电机。因此，线控驱动系统包括传统内燃机汽车和多轮独立驱动电动汽车线控驱动控制。驱动系统示意图如图 1-2-9 所示。

（1）传统内燃机汽车线控驱动控制

线控节气门主要通过对节气门的线控实现汽

图 1-2-9　驱动系统示意图

车动力学和经济性控制，在装备 ESP 的汽车上还有驱动防滑与稳定性控制功能。线控节气门比传统节气门控制方式精确，发动机能够根据汽车的各种行驶信息，精确调节空燃比，改善发动机燃烧状况，从而大大提高汽车动力性和经济性。驱动防滑控制对于保证汽车驱动性能和行驶安全具有重要意义。驱动控制器综合各种传感器信息，判断汽车驱动轮是否打滑，通过驱动执行器控制节气门的开度来改变驱动力输出大小，实现驱动防滑。

（2）多轮独立驱动电动汽车线控驱动控制

随着电机技术和车辆动力学的发展，出现了多个电机独立驱动多个车轮的电动汽车，即多轮独立驱动电动汽车。相对于传统内燃机，电机具有响应速度快、控制精度高、响应特性好等优点。由于多轮独立驱动电动汽车各个驱动车轮的转矩独立可控，因此驱动控制系统通过横摆力矩控制和驱动力分配可以达到改善车辆稳定性和经济性的目的，其中四轮独立驱动尤其是轮毂电机电动汽车驱动控制已经成为各国研究的热点。

4. 悬架控制

悬架控制流程图如图 1-2-10 所示。

图 1-2-10　悬架控制流程图

线控悬架系统即通常所说的主动悬架和半主动悬架。其通过电子控制单元不断调整减振器阻尼和弹簧刚度，突破传统悬架系统在实际应用中的限制，提高不同行驶工况下的汽车平顺性和操纵稳定性。悬架系统示意图如图 1-2-11 所示。

图 1-2-11　悬架系统示意图

线控悬架系统主要由传感器、悬架系统控制器、可调阻尼减振器、弹性元件等组成。传感器信号包括车身加速度、车身高度、侧向加速度、转向盘转角信号等，通过总线传递给悬架系统控制器。控制器对采集信号进行运算处理，判断车辆行驶状态，发送指令控制悬架刚度和阻尼及车身高度来提高汽车行驶平顺性及操纵稳定性。

主动悬架系统的刚度和阻尼都可调，如空气弹簧主动悬架中的弹性元件采用空气弹簧，通过调节气压改变刚度，控制可调阻尼减振器来调节阻尼。

5. 综合控制

线控底盘的综合控制主要由整车 VCU（整车控制器）完成。VCU 作为新能源汽车的中央控制单元，是整个控制系统的核心。VCU 采集电机及电池状态，采集加速踏板信号、制动踏板信号、执行器及传感器信号，根据驾驶员的意图综合分析做出相应判定后，监控下层的各部件控制器的动作。它负责汽车的正常行驶、制动能量回馈、整车驱动电机及动力电池的能量管理、网络管理、故障诊断及处理、车辆状态监控等，从而保证整车在较好的动力性、较高的经济性及可靠性状态下正常稳定地工作。

日产公司的 NEO-X 系统由主动悬架、前后轮主动转向、电控 4WD+LSD（限滑差速器）和制动力分配控制组成，大部分的综合控制系统与 NEO-X 综合控制系统相似，可做参考。

拓展阅读

截至目前，全国机动车保有量达 4 亿余辆，其中汽车超过 3 亿辆。汽车保有量的增加反映了我国经济水平的提升，但由此也产生了一系列问题。

据我国官方统计数据显示，近年来我国每年因交通事故死亡的人数多达 6 万人左右，高居世界前列。在交通事故的所有因素中，驾驶员酒驾以及疲劳驾驶等问题所引发的原因占 55% 以上。汽车数量大幅增加也造成了城市交通拥堵，困扰人们出行，给城市运行带来压力。长时间的交通拥堵还会加剧资源消耗，汽车噪声和尾气排放也对环境造成严重污染，严重影响居民生活质量。

发展线控底盘技术有助于帮助我们解决这个问题，线控底盘是自动驾驶与新能源汽车中间的一个结合点，是实现无人驾驶的关键载体，也是智能网联汽车产业的重要基石。在高自动化程度的智能汽车中，驾驶员不需要过多地参与驾驶工作，汽车可以根据出行人员的出行目的，将其安全运送达，由驾驶员问题引发的交通事故自然而然也就减少了。而新能源汽车，哪怕算上发电过程中的污染，其对环境的影响也是轻于传统燃油汽车的。所以说，发展线控底盘技术有助于缓解快速增加的汽车保有量所带来的一系列问题。

线控转向系统配合环境感知传感器可以实现无人驾驶车辆的自动泊车、车道保持、自动避障等功能。它取消了传统汽车转向盘至执行器之间的机械连接，整个系统采用电信号控制车轮转向，包含路感反馈、转向执行器、控制器以及相关传感器等。当线控转向 ECU 接收到转向命令后，结合当前车速和档位计算出需要的转角，控制转向执行电动机工作，再通过角位移传感器反馈转向执行电动机的转动角度是否正确，最终实现车辆的自动转向。

线控驱动系统根据驾驶员动作和汽车各种行驶信息，分析驾驶员意图，精确控制动力装置输出功率和车轮驱动力以提高汽车动力性、经济性和操纵稳定性。在无人驾驶车辆上，线控驱动系统往往结合环境感知传感器的检测结果，通过电信号来控制驱动电机的转向和转速，从而实现车辆的自动起步、自动加速、自动换档等行为。它主要由加速踏板系统、换档系统、驱动电机、驱动电机控制器等组成。加速踏板采用线控技术，可以通过传感器采集传送加速踏板的位置与速度，并将此信号传递给控制单元 VCU，实现行驶速度的控制；换档系统也为线控形式，可以根据自动行驶需求，将需要变换的档位信号传递给换档控制单元，信号处理后传递给执行单元，实现换档动作。

线控制动系统的功能与传统汽车制动系统的功能一样，也是保证能够按照路况等条件进行强制减速直至停车，只是在结构上有所改变，即制动踏板和制动执行器之间是通过电子信号连接的，在它们之间没有直接的液压力或机械连接。当车辆遇到危险时，传统车辆的制动踏板位置传感器通过检测驾驶员操作的制动力大小将其传递给制动控制器，控制器综合纵/侧向加速度传感器、横摆角速度传感器等信号进行计算，控制制动器快速而精确地提供所需的制动压力。而无人驾驶车辆则根据环境感知传感器的检测，将危险信息传递给运算平台，运算平台分析后，向VCU发送请求执行制动信号，VCU将信号处理后发送给线控制动系统，线控制动系统根据命令实现车辆的自动制动。

线控悬架系统实际为电控悬架系统的延伸。车辆在道路上行驶时，如果环境感知传感器对于前方的路况进行了判断，结合加速度传感器、车速传感器、车身位移传感器、转向角度、制动命令等信息，将结果发送给VCU；VCU对信号进行处理后，输出控制信号到执行器，进而调整减振器阻尼系数、控制弹性元件刚度和车身高度。

无人驾驶时代来临的步伐正在逐步加快，多传感器的融合使得驾驶员解放了身体的感知器官，也解放了双手双脚，运算平台逐渐替代了驾驶员向汽车发送的驾驶意图。对于这样的无人驾驶汽车，其运行过程的核心是控制，控制系统的准确性、灵活性、舒适性及经济性均对乘员的乘坐感受带来了直接的影响。线控底盘作为无人车控制系统的最终执行者，快速准确的执行效果会在今后的时代发展变化中与车辆的安全、人员的安全，以及电子信息技术的发展紧密联系在一起。

任务分组

学生任务分配表见表1-2-1。

表1-2-1 学生任务分配表

班级		组号		指导教师	
组长		学号			
组员角色分配					
信息员		学号			
操作员		学号			
记录员		学号			
安全员		学号			
任务分工					
（就组织讨论、工具准备、数据采集、数据记录、安全监督、成果展示等工作内容进行任务分工）					

工作计划

按照前面所了解的知识内容和小组内部讨论的结果,制定工作方案,落实各项工作负责人,包括任务实施前的准备工作、实施中主要操作及协助支持工作、实施过程中相关要点及数据的记录工作等(表1-2-2)。

表1-2-2 工作计划表

步骤	工作内容	负责人
1		
2		
3		
4		
5		
6		
7		
8		

进行决策

1)各组派代表阐述资料查询结果。
2)各组就各自的查询结果进行交流,并分享技巧。
3)教师对各组的计划方案进行点评。
4)各组长对组内成员进行任务分工,教师确认分工是否合理。

任务实施

引导问题4

扫描二维码观看视频,了解线控底盘的电路图,并简述其控制技术。

汽车CAN总线通信架构介绍

参考操作视频,按照规范作业要求完成操作步骤,完成数据采集并记录(表1-2-3、表1-2-4)。

表1-2-3 实训准备

序号	设备及工具名称	数量	设备及工具是否完好
1	底盘线控系统测试装调实验实训台	1台	□是 □否
质检意见	原因:		□是 □否

表 1-2-4 线控底盘控制技术认知

序号	步骤	记录	完成情况
1	汽车底盘线控系统的核心是线控驱动系统、线控转向系统和线控制动系统，还有一个充当大脑的整车控制器（VCU），驾驶员或者计算机的驾驶意图需要通过 VCU 利用 CAN 线传输给执行机构		已完成□ 未完成□
2	当驾驶员驾驶车辆转向时，转动转向盘后，转矩传感器和转向角传感器的电信号传输到 VCU，VCU 再传输给转向电动机，转向电动机收到信号后带动转向机构转向，这就实现了线控转向		已完成□ 未完成□
3	举例：如图 1-2-12 所示，在底盘线控系统测试装调实验实训台中，VCU 通过 CAN 与转向控制器相连，当计算机使用黑 CAN 发送转向角度命令后，VCU 接收到电信号，传递给转向控制器，转向控制器带动转向机构和转向盘机构转到刚刚发送的转向角度		已完成□ 未完成□
总结提升			已完成□ 未完成□
质检意见	原因：		已完成□ 未完成□

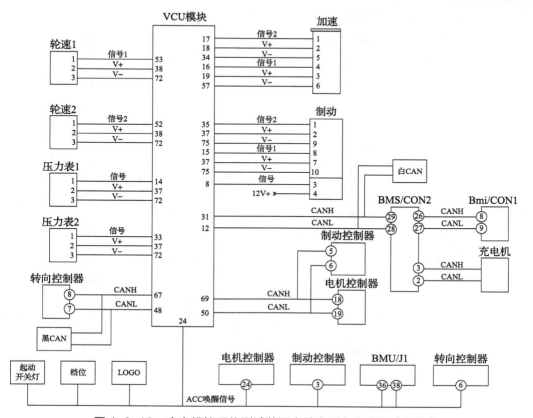

图 1-2-12 底盘线控系统测试装调实验实训台电路图（部分）

评价反馈

1）各组代表展示汇报 PPT，介绍任务的完成过程。

2）以小组为单位，对各组的操作过程与操作结果进行自评和互评，并将结果填入表 1-2-5 中的小组评价部分。

3）教师对学生工作过程与工作结果进行评价，并将评价结果填入表 1-2-5 中的教师评价部分。

表 1-2-5　综合评价表

班级		组别		姓名		学号	
实训任务							
评价项目		评价标准			分值		得分
小组评价	计划决策	制定的工作方案合理可行，小组成员分工明确			10		
	任务实施	能够正确检查并设置实训工位			5		
		能够准备和规范使用工具设备			5		
		能够正确认知线控底盘的电路图			20		
		能够正确认知线控底盘控制技术			20		
		能够规范填写任务工单			10		
	任务达成	能按照工作方案操作，按计划完成工作任务			10		
	工作态度	认真严谨，积极主动，安全生产，文明施工			10		
	团队合作	小组组员积极配合，主动交流，协调工作			5		
	6S 管理	完成竣工检验，现场恢复			5		
		小计			100		
教师评价	实训纪律	不出现无故迟到、早退、旷课现象，不违反课堂纪律			10		
	方案实施	严格按照工作方案完成任务实施			20		
	团队协作	任务实施过程互相配合，协作度高			20		
	工作质量	能准确完成认知线控底盘控制技术的任务			20		
	工作规范	操作规范，三不落地，无意外事故发生			10		
	汇报展示	能准确表达，总结到位，改进措施可行			20		
		小计			100		
综合评分		小组评价分 ×50%＋教师评价分 ×50%					
总结与反思							

（如：学习过程中遇到什么问题→如何解决的/解决不了的原因→心得体会）

能力模块二 CAN 总线调试

任务一 调研分析 CAN 总线

学习目标

知识目标

1）了解 CAN 总线的定义及发展历程。
2）了解 CAN 总线的特点。
3）了解 CAN 总线的应用场景。

技能目标

能够识别 CAN 总线线束。

素养目标

1）认真严谨，积极主动，安全生产，文明施工。
2）获得多途径检索知识、分析解决问题以及多元化思考解决问题的方法，形成创新意识。
3）严格执行各项规章制度及 6S 现场管理，培养精益求精的工匠精神。

知识索引

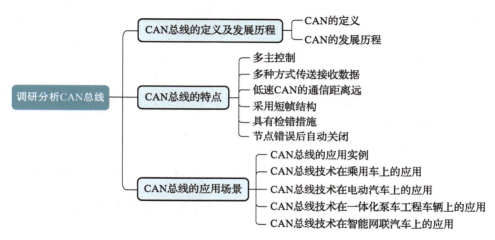

情境导入

在汽车中，从行驶、制动、转向控制系统到安全系统以及舒适性系统都使用到 CAN 总线。线控底盘使用了线（电信号）的形式来取代传统的机械、液压或气动等形式的连接，了解 CAN 总线是每一名测试工程师的基本功。

获取信息

引导问题 1

请查阅相关资料，简述 CAN 总线的发展历程。

CAN 总线的定义及发展历程

1. CAN 的定义

CAN 是控制器局域网络（Controller Area Network）的简称，是 20 世纪 80 年代初德国博世（Bosch）公司为解决现代汽车中众多控制单元、测试仪器之间的实时数据交换而开发的一种通信总线。最初 CAN 总线被设计为汽车环境中的微控制器之间的通信工具，可在各个电子控制单元（Electric Control Unit，ECU）节点之间交换信息，形成汽车电子控制网络。目前在全球范围内，CAN 总线是在汽车上应用最多、最为普遍的一种总线技术。

2. CAN 的发展历程

CAN 的发展历程见表 2-1-1。

表 2-1-1　CAN 的发展历程

时间	事件
1986 年	博世公司在美国汽车工程师协会（SAE）大会公布 CAN 通信协议
1987 年	英特尔（Intel）和飞利浦（Philips）先后推出 CAN 控制器芯片
1991 年	博世公司颁布 CAN 2.0 技术规范，在原基础上进行了升级
1993 年	ISO（国际标准化组织）颁布 CAN 国际标准 ISO 11898
1994 年	SAE 颁布基于 CAN 的 J1939 标准
1995 年	经过完全修订的 CANopen 通信配置文件发布，并在短短五年内成为欧洲最重要的标准化嵌入式网络
2012 年	博世公司与其他 CAN 专家合作，预先开发了 CAN FD 规范，该规范于 2012 年在德国哈姆巴赫城堡举行的第 13 届国际 CAN 会议上正式推出

（续）

时间	事件
2018年	德国CiA（CAN in Automation）协会开始开发第三代基于CAN的数据链路层协议CAN XL
2020年	由于疫情影响，2020年的国际CAN会议改为线上举行，主题是CAN XL。CAN XL速度提升至10Mbit/s，同时保持CAN协议的优势以及与CAN和CAN FD的兼容性

引导问题2

请查阅相关资料，简述CAN总线的特点。

_____

_____

CAN总线的特点

CAN总线是一种控制器之间数据交换的数据通信协议，它是一种多主总线（即在网络上的各个节点都不是主机，每个节点都可以主动发起通信），通信介质可以是双绞线、同轴电缆或光纤，通信速率最高可达1Mbit/s，如图2-1-1所示。

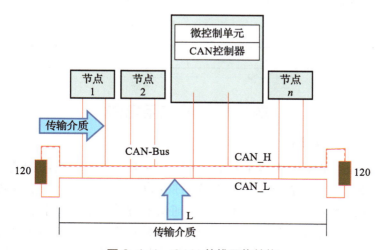

图2-1-1 CAN总线网络结构

CAN属于总线式通信网络，由于其采用了许多新技术和独特的设计，具有低成本、高可靠性、实时性、灵活性、抗干扰能力强等特点，已被广泛应用于各个自动化控制系统中。在汽车电子、自动控制、电力系统等领域，CAN总线具有无可比拟的优越性，具有以下显著特点。

1. 多主控制

CAN以多主控制方式工作，网络上任意一个节点均可在任意时刻主动地向网络上其他节点发送信息，而不分主机和从机。

2. 多种方式传送接收数据

CAN 节点只需要通过对报文的标识符滤波，即可实现点对点、一点对多点及全局广播等几种方式传送接收数据。

3. 低速 CAN 的通信距离远

CAN 的直接通信距离最远可达 10km（速率 5kbit/s 以下）。

4. 采用短帧结构

报文采用短帧结构，传输时间短，受干扰概率低，保证了数据出错率极低。

5. 具有检错措施

CAN 的每帧信息都有 CRC（循环冗余码）校验及其他检错措施，具有极好的检错效果。

6. 节点错误后自动关闭

CAN 节点在错误严重的情况下具有自动关闭输出功能，以使总线上的其他节点的操作不受影响。

> **引导问题 3**
>
> 请查阅相关资料，简述 CAN 总线在汽车上的应用。
> _____
> _____
> _____

CAN 总线的应用场景

1. CAN 总线的应用实例

汽车上的网络连接需采用两条 CAN 总线，一条用于驱动系统的高速 CAN 总线，速率达到 500kbit/s；另一条用于车身系统的低速 CAN 总线，速率为 100kbit/s。高速 CAN 总线主要连接发动机、自动变速器等对通信实时性有较高要求的系统；低速 CAN 总线主要连接灯光、电动车窗、自动空调及信息显示系统等，多为低速电动机和开关元器件，对实时性要求低而数量众多。不同速度的 CAN 总线之间通过网关连接。对汽车 CAN 总线上的信号进行采集时，需要确定所采集的信号处于哪个 CAN 总线中，以便于设置合适的 CAN 通道波特率，如图 2-1-2 所示。

2. CAN 总线技术在乘用车上的应用

（1）CAN 总线技术在长安汽车上的应用

长安汽车的某款车型主要应用两条 CAN 总线，按照传输速度区分为高速总线和中速总线。高速总线主要用于安全辅助系统控制单元、发动机控制单元、防抱死制动系

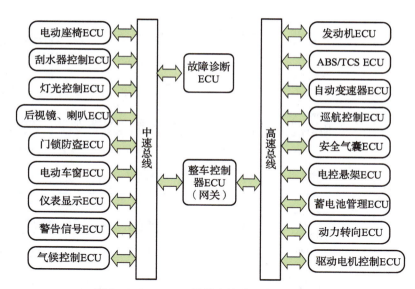

图 2-1-2　CAN 总线在汽车上的应用实例

统（ABS）控制单元等，中速总线主要用于安全气囊控制单元、收音机控制单元、导航系统控制单元、显示单元等，如图 2-1-3 所示。

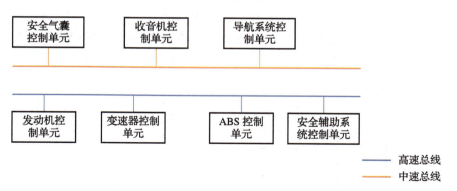

图 2-1-3　CAN 总线在长安汽车上的应用

（2）CAN 总线技术在奥迪汽车上的应用

奥迪汽车的某款车型应用三条 CAN 总线，按照功能模块区分为驱动总线、舒适总线、显示（信息娱乐）总线。驱动总线主要用于控制和监测发动机控制单元、自动变速器控制单元、安全气囊控制单元等，舒适总线主要用于控制和监测空调控制单元、轮胎压力监控控制单元、电动车窗控制单元、电动座椅控制单元等，显示（信息娱乐）总线主要用于控制和监测车载电话控制单元、收音机控制单元、导航系统控制单元等，如图 2-1-4 所示。

3. CAN 总线技术在电动汽车上的应用

特斯拉的某款车型应用五条 CAN 总线，分别为 Thermal CAN、PT CAN、CH CAN、Body FT CAN、Body CAN。Thermal CAN 主要用于监测和控制汽车空调压缩

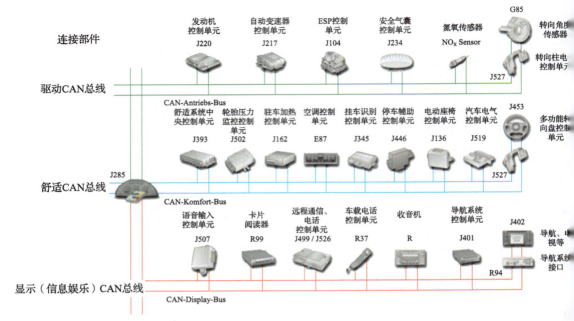

图 2-1-4 CAN 总线在奥迪汽车上的应用

机控制单元，PT CAN 主要用于监测和控制汽车驱动控制单元，CH CAN 主要用于监测和控制汽车仪表单元与胎压单元，Body FT CAN 主要用于监测和控制汽车车内温度控制单元，Body CAN 主要用于监测和控制汽车车身单元，如图 2-1-5 所示。

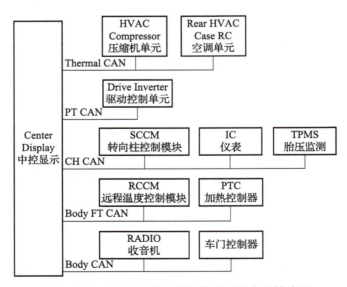

图 2-1-5 CAN 总线在特斯拉电动汽车上的应用

4. CAN 总线技术在一体化泵车工程车辆上的应用

某款一体化泵车工程车辆底盘电气系统主要应用三种 CAN 总线，分别为动力 CAN 总线、车身 CAN 总线与上装 CAN 总线。动力 CAN 总线主要用于控制和监测 ABS 模块、自动变速器模块、发动机控制模块等，车身 CAN 总线主要用于控制和监测仪表模块、视频机模块、中央控制模块等，上装 CAN 总线主要用于控制和监测 SYMC 模块，如图 2-1-6 所示。

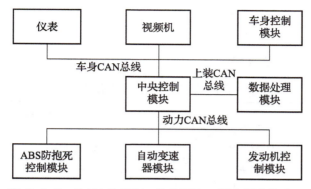

图 2-1-6　CAN 总线在一体化泵车工程车辆上的应用

5. CAN 总线技术在智能网联汽车上的应用

传统的汽车网络架构主要由 CAN 总线组成，车内分布式电控单元 ECU 按照功能划分为动力总成、车身控制、辅助驾驶等总线区域；车窗、车灯、天窗等则通过 LIN 总线接入 CAN 网络。

在新一代智能网联汽车的浪潮下，随着车载 ECU 数量的与日俱增以及处理器运算能力和硬件的高速发展，连接 ECU 的网络需要更大的带宽，这一需求远超 CAN 等传统车载网络的容量极限。

因此，比较明确的趋势是向 CAN FD 过渡，CAN FD 提供了 64B 的数据吞吐量以及最高 5Mbit/s 的传输速率。由于车载以太网具有高带宽、低延迟、低成本的特性，在新一代整车架构中将替代 CAN 总线成为优选网络架构。

如图 2-1-7 所示，以车载以太网作为骨干网络，将核心域控制器（动力总成、车身、娱乐、ADAS）连接在一起。各个域控制器在实现专用的控制功能的同时，还提供

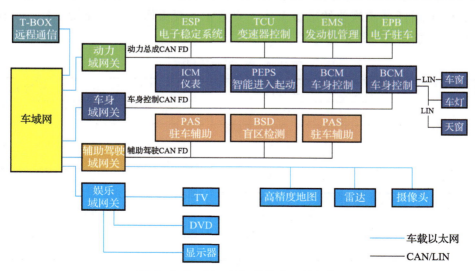

图 2-1-7　新一代智能汽车网络架构

强大的网关功能。从图 2-1-7 可以发现，在各个域控制器的下方，各部件之间通信通过 CAN FD 来实现数据共享。

任务分组

学生任务分配表见表 2-1-2。

表 2-1-2　学生任务分配表

班级		组号		指导教师	
组长		学号			
组员角色分配					
信息员		学号			
操作员		学号			
记录员		学号			
安全员		学号			
任务分工					
（就组织讨论、工具准备、数据采集、数据记录、安全监督、成果展示等工作内容进行任务分工）					

工作计划

按照前面所了解的知识内容和小组内部讨论的结果，制定工作方案，落实各项工作负责人，包括任务实施前的准备工作、实施中主要操作及协助支持工作、实施过程中相关要点及数据的记录工作等（表 2-1-3）。

表 2-1-3　工作计划表

步骤	工作内容	负责人
1		
2		
3		
4		
5		
6		
7		
8		

进行决策

1）各组派代表阐述资料查询结果。
2）各组就各自的查询结果进行交流，并分享技巧。
3）教师对各组的计划方案进行点评。
4）各组长对组内成员进行任务分工，教师确认分工是否合理。

任务实施

引导问题 4

扫描二维码观看视频，了解如何识别 CAN 总线线束，并简述操作要点。

_____
_____

线控制动系统故障－制动踏板故障

参考操作视频，按照规范作业要求完成操作步骤，完成数据采集并记录（表 2-1-4、表 2-1-5）。

表 2-1-4　实训准备

序号	设备及工具名称	数量	设备及工具是否完好
1	底盘线控系统测试装调实验实训台	1 台	□是　□否
质检意见	原因：		□是　□否

表 2-1-5　识别 CAN 总线线束

序号	步骤	记录	完成情况
1	打开故障设置区域保护盖，将故障设置面板取下。注意：故障设置面板背面连接有大量的线束，此步骤只是将故障设置面板从固定板中取出，以便留出空隙查看 CAN 收发器和 CAN 线束		已完成□ 未完成□
2	可看到 CAN 盒，引出两条 CAN 线，其中红色为 CAN_H，黑色为 CAN_L，关于 CAN 线的更多参数我们将在下一个任务进行认知		已完成□ 未完成□
总结提升			已完成□ 未完成□
质检意见	原因：		已完成□ 未完成□

评价反馈

1）各组代表展示汇报 PPT，介绍任务的完成过程。

2）以小组为单位，对各组的操作过程与操作结果进行自评和互评，并将结果填入表 2-1-6 中的小组评价部分。

3）教师对学生工作过程与工作结果进行评价，并将评价结果填入表 2-1-6 中的教师评价部分。

表 2-1-6　综合评价表

班级		组别		姓名		学号	
实训任务							
评价项目		评价标准			分值		得分
小组评价	计划决策	制定的工作方案合理可行，小组成员分工明确			10		
	任务实施	能够正确检查并设置实训工位			5		
		能够准备和规范使用工具设备			5		
		能够正确认知 CAN 总线的特点			20		
		能够正确识别 CAN 总线线束			20		
		能够规范填写任务工单			10		
	任务达成	能按照工作方案操作，按计划完成工作任务			10		
	工作态度	认真严谨，积极主动，安全生产，文明施工			10		
	团队合作	小组组员积极配合，主动交流，协调工作			5		
	6S 管理	完成竣工检验，现场恢复			5		
		小计			100		
教师评价	实训纪律	不出现无故迟到、早退、旷课现象，不违反课堂纪律			10		
	方案实施	严格按照工作方案完成任务实施			20		
	团队协作	任务实施过程互相配合，协作度高			20		
	工作质量	能准确完成识别 CAN 总线线束的任务			20		
	工作规范	操作规范，三不落地，无意外事故发生			10		
	汇报展示	能准确表达，总结到位，改进措施可行			20		
		小计			100		
综合评分		小组评价分 ×50% ＋教师评价分 ×50%					
总结与反思							
（如：学习过程中遇到什么问题→如何解决的/解决不了的原因→心得体会）							

任务二 连接调试 CAN 总线

学习目标

知识目标

1）了解 CAN_H 和 CAN_L 的电压特性。
2）掌握进制转换计算方法。
3）掌握 CAN 总线波特率的配置。

技能目标

1）能够检测 CAN 总线线束的电压与终端电阻。
2）能够配置 CAN 总线的 500k 波特率。

素养目标

1）认真严谨，积极主动，安全生产，文明施工。
2）获得多途径检索知识、分析解决问题以及多元化思考解决问题的方法，形成创新意识。
3）严格执行各项规章制度及 6S 现场管理，培养精益求精的工匠精神。

知识索引

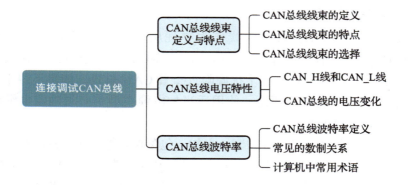

情境导入

CAN 总线相当于汽车的"神经系统"。人的神经系统出了问题，人就会瘫痪，同样，CAN 总线出现问题，汽车就有可能失控。因此，对 CAN 总线进行正确的连接与调试是必要的，这也是每一位线控底盘测试工程师经常接触到的一项工作任务。

获取信息

引导问题 1

请查阅相关资料，简述 CAN 总线线束的定义。

_____
_____

CAN 总线线束定义与特点

1. CAN 总线线束的定义

CAN 总线线束是由一条 CAN_H 线与一条 CAN_L 线组成的数据传输总线。

2. CAN 总线线束的特点

CAN 总线线束的特点如下：

1）线缆由最开始昂贵的同轴电缆逐步变化到技术上容易实现、造价低廉的双绞型电缆。

2）在总线线束上，理论上线束的节点数无限制，并且线束应该对环境电磁辐射有一定抑制能力。

3）线缆能够最大限度地满足 CAN 网络 5kbit/s~1Mbit/s 的传输速率。

目前，采用双绞线的 CAN 总线分布式系统已得到广泛应用，如汽车电子、电梯控制、电力系统、远程传输等领域。

3. CAN 总线线束的选择

CAN 总线线束使用非屏蔽双绞线作为物理层，只需要有两根线缆作为信号线（CAN_H、CAN_L）传输。除需要两根信号线的连接以外，还要注意在同一网段中的屏蔽层单点搭铁问题。确保不要在干扰源附近布置 CAN 总线，如果不得不这样做，应该使用屏蔽电缆。而且支线必须短，使用适当的电缆类型，必须确定电缆的电压衰减大小，使用电压衰减较小的线缆。

CAN 总线线束由导线、端子、护套、卡扣、包覆材料等组成，具体选用要求如下：

1）导线。导线按标准分类基本上分为国标 QVR、德标 FLRY、美标 GPT 以及日标 AVX 和 AVSS 等几类，其中 AVX 为汽车用耐热低压电缆，AVSS 为汽车用薄壁绝缘低压电缆。CAN 常用导线如图 2-2-1 所示。

图 2-2-1　CAN 总线线束常用导线

2）护套。护套主要起到两个线束对接或者线束和用电器直接连接的作用,并且对端子起到保护、防水的作用。CAN 常用护套如图 2-2-2 所示。

3）卡扣。虽然线束卡扣在线束中比重不大,但是作用很关键,作为一个柔性的材料,线束自身无法控制它的形状,装车完成后如果没有卡扣来进行固定,极易和周边零部件发生干涉等问题。卡扣一般情况下为圆形卡扣,根据适配的孔径大小、板材厚度分为不同的型号。CAN 常用卡扣如图 2-2-3 所示。

图 2-2-2　CAN 总线线束常用护套

4）包覆材料。线束的包覆材料起到耐磨、阻燃、防腐蚀、防止干扰、降低噪声和美观的作用,一般分为胶带、PVC 管、波纹管和布基胶带等几类。CAN 常用包覆材料如图 2-2-4 所示。

图 2-2-3　CAN 总线线束常用卡扣

图 2-2-4　CAN 总线线束常用包覆材料

引导问题 2

请查阅相关资料,简述 CAN 总线的电压变化。

_____

_____

_____

职业认证　智能新能源汽车职业技能等级要求(中级)中的电控悬架控制模块检测维修任务就涉及读取电控悬架控制模块的 CAN 总线 HIGH 和 LOW(CAN_H、CAN_L)的波形,通过智能新能源汽车职业技能等级(中级)考核可获得教育部 1+X 证书中的智能新能源汽车职业技能等级证书(中级)。

CAN 总线电压特性

1. CAN_H 线和 CAN_L 线

为了提高数据传递的可靠性,CAN 数据总线系统的两条导线分别用于不同的数据传送,这两条线分别称为 CAN_H 线和 CAN_L 线,如图 2-2-5 所示。在高速 CAN 时,当报文进行传输时，CAN_H 由 2.5V 变化到 3.5V，CAN_L 由 2.5V 变化到 1.5V；在低速容错 CAN 时，当报文进行传输时，CAN_H 由 0V 变化到 3.5V，CAN_L 由 5V 变化到 1.5V。

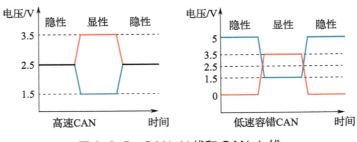

图 2-2-5　CAN_H 线和 CAN_L 线

2. CAN 总线的电压变化

1）CAN 总线在没有节点传输报文时一直处于隐性状态，当有节点传输报文时显性覆盖隐性。由于 CAN 总线是一种串行总线，也就是说，报文是一位一位传输的，而且是数字信号（0 和 1），1 代表隐性，0 代表显性。在传送报文的过程中是显隐交替的，就像二进制数字 0101001 等，这样就能把信息发送出去，而总线空闲的时候是一直处于隐性的。

2）在隐性状态时，这两条导线上作用有相同预先设定值，该值称为静电平。对于 CAN 驱动数据总线来说，这个值大约为 2.5V，即 CAN_H 线和 CAN_L 线上的电压都大约为 2.5V。静电平也称为隐性状态，因为连接的所有控制单元均可修改它。

3）在显性状态时，CAN_H 线上的电压值会升高一个预定值（对 CAN 驱动数据总线来说，这个值至少为 1V）；而 CAN_L 线上的电压值会降低一个同样值（对 CAN 驱动数据总线来说，这个值至少为 1V）。于是在 CAN 驱动数据总线上，CAN_H 线就处于激活状态，其电压不低于 3.5V（2.5+1=3.5V），而 CAN_L 线上的电压值最多可降至 1.5V（2.5-1=1.5V）。因此在隐性状态时，CAN_H 线与 CAN_L 线上的电压差为 0V，在显性状态时该差值最低为 2V，如图 2-2-6 所示。

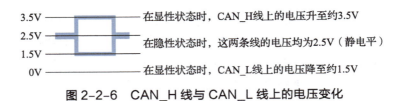

图 2-2-6　CAN_H 线与 CAN_L 线上的电压变化

❓ 引导问题 3

请查阅相关资料，简述 CAN 总线波特率的定义。

CAN 总线波特率

1. CAN 总线波特率定义

波特率（Baud）表示单位时间内传送的码元的数目，CAN 总线波特率的多少就代表着该 CAN 总线的数据传输速度的快慢。想要让两个 CAN 总线设备连接并通信的话，它们的波特率数值必须一致，否则无法正常通信。对于一条 CAN 总线系统，它的波特率数值大小还会受通信距离远近的影响，距离越远波特率数值一般越小。

2. 常见的数制关系

（1）数与数制

1）进位计数制是一种计数的方法。在日常生活中，人们使用各种进位计数制，例如，六十进制（1h=60min，1min=60s），十二进制（1ft=12in，1 年 =12 月）等。

2）在计算机中，二进制计数得到了广泛使用。为便于人们阅读及书写，八进制计数和十六进制计数常用来表示二进制计数。十进制数的特点是"逢十进一，借一当十"，需要用到的数字符号为 10 个，分别是 0~9；二进制数的特点是"逢二进一，借一当二"，需要用到的数字符号为 2 个，分别是 0、1；八进制数的特点是"逢八进一，借一当八"，需要用到的数字符号为 8 个，分别是 0~7；十六进制数的特点是"逢十六进一，借一当十六"，需要用到的数分别是 0~9、A~F。

3）任意一个十进制数可以用位权表示，位权就是某个固定位置上的计数单位。在十进制数中，个位的位权为 10^0，十位的位权为 10^1，百位的位权为 10^2，千位的位权为 10^3，而在小数点后第一位上的位权为 10^{-1}，小数点后第二位的位权为 10^{-2} 等。因此，如果有十进制数 362.75，则百位上的 3 表示 3 个 100，十位上的 6 表示 6 个 10，个位上的 2 表示 2 个 1，小数点后第一位上的 7 表示 7 个 0.1，小数点后第二位上的 5 表示 5 个 0.01，用位权表示为：$3 \times 10^2 + 6 \times 10^1 + 2 \times 10^0 + 7 \times 10^{-1} + 5 \times 10^{-2}$。

同样，任意一个二进制、十六进制也可以用位权来表示，例如：$(1101.01)_2 = 1 \times 2^3 + 1 \times 2^2 + 0 \times 2^1 + 1 \times 2^0 + 0 \times 2^{-1} + 1 \times 2^{-2}$；$(3C21.95)_{16} = 3 \times 16^3 + C \times 16^2 + 2 \times 16^1 + 1 \times 16^0 + 9 \times 16^{-1} + 5 \times 16^{-2}$。

（2）不同数制之间的转换

1）将十进制整数转换为二进制整数、十六进制整数时，分别用基数 2、16 连续去除该十进制数，直至商等于"0"为止，然后逆序排列得到的余数，即为转换结果。图 2-2-7 所示为十进制转换成二进制的举例。

2）将二进制数转换为十六进制数时，先从小数点开始分别向左和向右将每 4 位二分成 1 组，最后不足位数的补 0，然后每组用 1 位十六进制数表示即可得到结果。图 2-2-8 所示为二进制转换成十六进制举例。十进制、二进制、十六进制的对比见表 2-2-1。

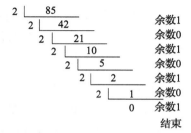

图 2-2-7 十进制转换成二进制举例

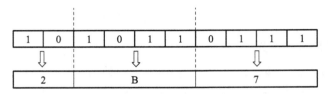

图 2-2-8　二进制转换成十六进制举例

表 2-2-1　十进制、二进制、十六进制对比

十进制	二进制	十六进制
0	0000	0
1	0001	1
2	0010	2
3	0011	3
4	0100	4
5	0101	5
6	0110	6
7	0111	7
8	1000	8
9	1001	9
10	1010	A
11	1011	B
12	1100	C
13	1101	D
14	1110	E
15	1111	F

3. 计算机中常用术语

（1）位（bit）

位是计算机所能表示的最基本、最小的数据单元。计算机采用二进制数，所以位就是一个二进制位，它有两种状态"0"和"1"。不同的二进制位组合就可以表示不同的数据、字符等信息。

（2）字（Word）和字长

字是计算机内部进行数据处理的基本单位，通常它与计算机内部的寄存器、算术逻辑单元、数据总线宽度一致。计算机的每一个字所包含的二进制位数称为字长。

（3）字节（Byte）

把相邻的 8 位二进制数称为字节。字节长度是固定的，但不同计算机的字长是不同的。8 位微计算机的字长等于 1 个字节，而 16 位微计算机的字长等于 2 个字节，32

位微计算机的字长等于 4 个字节。目前为了表示方便，常把一个字节定为 8 位，把一个字定为 16 位，把一个双字定为 32 位。位与字节的关系如图 2-2-9 所示。

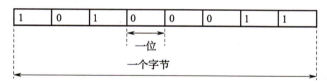

图 2-2-9　位与字节的关系

任务分组

学生任务分配表见表 2-2-2。

表 2-2-2　学生任务分配表

班级		组号		指导教师	
组长		学号			
组员角色分配					
信息员		学号			
操作员		学号			
记录员		学号			
安全员		学号			
任务分工					
（就组织讨论、工具准备、数据采集、数据记录、安全监督、成果展示等工作内容进行任务分工）					

工作计划

按照前面所了解的知识内容和小组内部讨论的结果，制定工作方案，落实各项工作负责人，包括任务实施前的准备工作、实施中主要操作及协助支持工作、实施过程中相关要点及数据的记录工作等（表 2-2-3）。

汽车线控底盘与智能控制

表2-2-3 工作计划表

步骤	工作内容	负责人
1		
2		
3		
4		
5		
6		
7		
8		

进行决策

1）各组派代表阐述资料查询结果。
2）各组就各自的查询结果进行交流，并分享技巧。
3）教师对各组的计划方案进行点评。
4）各组长对组内成员进行任务分工，教师确认分工是否合理。

任务实施

 引导问题 4

了解如何测量 CAN 总线线束后，扫描二维码观看视频，学习如何排除线控转向系统 CAN 总线断路故障，并简述操作要点。

线控转向系统故障 — CAN 总线断路故障

参考操作视频，按照规范作业要求完成操作步骤，完成数据采集并记录（表2-2-4~表2-2-7）。

表2-2-4 实训准备

序号	设备及工具名称	数量	设备及工具是否完好
1	底盘线控系统测试装调实验实训台	1台	□是 □否
2	键盘	1个	□是 □否
3	鼠标	1个	□是 □否
4	数字万用表	1台	□是 □否
质检意见	原因：		□是 □否

表 2-2-5　测量 CAN_H、CAN_L 电压

序号	步骤	记录	完成情况
1	首先了解 CAN 总线的电压特性： 在隐性状态时，这两条导线上作用有相同预先设定值，该值称为静电平，对于 CAN 驱动数据总线来说，这个值大约为 2.5V，即 CAN_H 线和 CAN_L 线上的电压都大约为 2.5V；在显性状态时，CAN_H 线上的电压值会升高一个预定值（对 CAN 驱动数据总线来说，这个值至少为 1V），而 CAN_L 线上的电压值会降低一个同样值（对 CAN 驱动数据总线来说，这个值至少为 1V）		已完成☐ 未完成☐
2	使用数字万用表测量前，需要对数字万用表进行开路和断路检测		已完成☐ 未完成☐
3	使用数字万用表电压档测量 CAN_H 端子电压，测量值为 2.95V		已完成☐ 未完成☐
4	使用数字万用表电压档测量 CAN_L 端子电压，测量值为 1.7V		已完成☐ 未完成☐
总结提升			已完成☐ 未完成☐
质检意见	原因：		已完成☐ 未完成☐

表 2-2-6　测量 CAN 总线终端电阻

序号	步骤	记录	完成情况
1	CAN 总线中，终端电阻是必不可少的。它存在的意义主要包括两点： 1）可以确保电平快速进入隐性状态 2）提升信号质量		已完成☐ 未完成☐

（续）

序号	步骤	记录	完成情况
2	使用数字万用表的电阻档测量线控底盘台架终端电阻，测量值为 62Ω 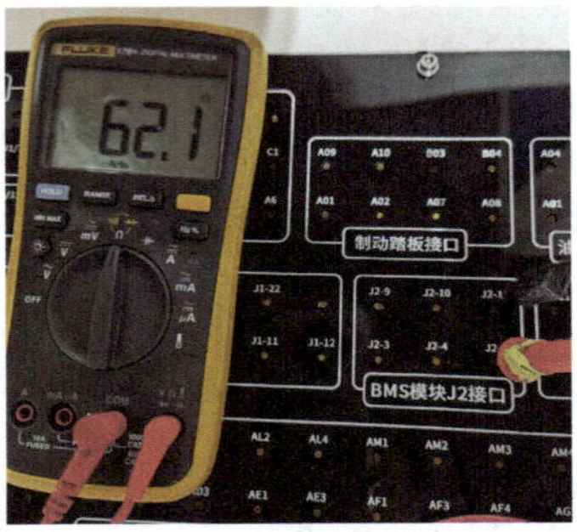		已完成□ 未完成□
总结 提升			已完成□ 未完成□
质检 意见	原因：		已完成□ 未完成□

表 2-2-7　CAN 总线的连接与波特率配置

序号	步骤	记录	完成情况
1	连接 CAN 收发器插头，连接成功后，CAN 盒灯光会闪烁，进入底盘线控系统，在系统模块中配置 CAN 总线的波特率 500k 		已完成□ 未完成□
总结 提升			已完成□ 未完成□
质检 意见	原因：		已完成□ 未完成□

评价反馈

1）各组代表展示汇报 PPT，介绍任务的完成过程。

2）以小组为单位，对各组的操作过程与操作结果进行自评和互评，并将结果填入表 2-2-8 中的小组评价部分。

3）教师对学生工作过程与工作结果进行评价，并将评价结果填入表 2-2-8 中的教师评价部分。

表 2-2-8　综合评价表

班级		组别		姓名		学号	
实训任务							
评价项目			评价标准			分值	得分
小组评价	计划决策		制定的工作方案合理可行,小组成员分工明确			10	
	任务实施		能够正确检查并设置实训工位			5	
			能够准备和规范使用工具设备			5	
			能够正确测量 CAN_H、CAN_L 电压和 CAN 总线终端电阻			20	
			能够正确连接 CAN 总线并进行波特率配置			20	
			能够规范填写任务工单			10	
	任务达成		能按照工作方案操作,按计划完成工作任务			10	
	工作态度		认真严谨,积极主动,安全生产,文明施工			10	
	团队合作		小组组员积极配合,主动交流,协调工作			5	
	6S 管理		完成竣工检验,现场恢复			5	
			小计			100	
教师评价	实训纪律		不出现无故迟到、早退、旷课现象,不违反课堂纪律			10	
	方案实施		严格按照工作方案完成任务实施			20	
	团队协作		任务实施过程互相配合,协作度高			20	
	工作质量		能准确完成实训规定的任务			20	
	工作规范		操作规范,三不落地,无意外事故发生			10	
	汇报展示		能准确表达,总结到位,改进措施可行			20	
			小计			100	
综合评分			小组评价分 ×50% +教师评价分 ×50%				
总结与反思							

(如:学习过程中遇到什么问题→如何解决的 / 解决不了的原因→心得体会)

汽车线控底盘与智能控制

任务三　解析调试 CAN 信号

学习目标

知识目标

1）了解 CAN 总线报文的格式。
2）了解 CAN 总线报文传输内容。
3）了解英特尔（Intel）与摩托罗拉（Motorola）编码格式。

技能目标

1）能够分析 CAN 报文数据库。
2）能够分析 CAN 总线各种帧格式。

素养目标

1）认真严谨，积极主动，安全生产，文明施工。
2）获得多途径检索知识、分析解决问题以及多元化思考解决问题的方法，形成创新意识。
3）严格执行各项规章制度及 6S 现场管理，培养精益求精的工匠精神。

知识索引

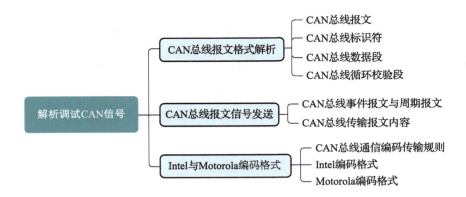

情境导入

连接与调试 CAN 总线后的下一项工作就是解析与调试 CAN 信号，作为一名测试工程师，你将要给新员工讲述 CAN 总线报文的格式，并协助其调试 CAN 信号。

获取信息

引导问题 1

请查阅相关资料，简述 CAN 总线标识符的作用。

_____

_____

_____

竞赛指南　在 2022 年全国职业院校技能大赛的汽车技术赛项里的智能网联汽车技术模块中，要求参赛选手对线控底盘进行包括 CAN 数据的读取与解析、速度及转向等参数的数据发送、控制执行机构相关参数的读取与调测等一系列操作。

CAN 总线报文格式解析

1. CAN 总线报文

报文（message）是网络中交换与传输的数据单元，即站点一次性要发送的数据块。报文包含了将要发送的完整的数据信息，其长短很不一致，长度不限且可变。报文是 CAN 总线上设备之间互相交流的语言，有固定的沟通规则，也就是 CAN 总线上发送的数据串。图 2-3-1 所示为 CAN 总线标准帧与扩展帧报文格式。

帧起始位	ID标识符	远程传输请求位	保留位1	保留位0	数据长度码	数据	校验位	界定符	确认位	界定符	帧结束

a）标准帧

帧起始位	ID标识符	远程传输请求位	标识符扩展位	保留位1	保留位0	数据长度码	数据	校验位	界定符	确认位	界定符	帧结束

b）扩展帧

图 2-3-1　CAN 总线的两种报文格式

2. CAN 总线标识符

（1）CAN 总线标识符定义

CAN 总线标识符是指 CAN 总线的 ID，也就是一个 CAN 节点的地址或名字，是网络中识别某一节点的信息。

（2）标识符作用

标识符可以确定报文发送优先级。CAN 总线是一种串行总线，总线上一次只能传输一则报文信息，如果同时有多个节点需要在总线上发送报文，通过标识符决定哪个先发送。

3. CAN 总线数据段

CAN 总线数据段可由数据长度码与数据部分显示：其中数据长度码能够显示报文传输中报文数据的大小；数据部分能够携带数据进行传送，但数据内容最多能够携带 8 个字节。数据与数据长度对应关系见表 2-3-1。

表 2-3-1 数据与数据长度对应关系

数据长度				数据							
0	0	0	1	字节 0							
0	0	1	0	字节 0	字节 1						
0	0	1	1	字节 0	字节 1	字节 2					
0	1	0	0	字节 0	字节 1	字节 2	字节 3				
0	1	0	1	字节 0	字节 1	字节 2	字节 3	字节 4			
0	1	1	0	字节 0	字节 1	字节 2	字节 3	字节 4	字节 5		
0	1	1	1	字节 0	字节 1	字节 2	字节 3	字节 4	字节 5	字节 6	
1	0	0	0	字节 0	字节 1	字节 2	字节 3	字节 4	字节 5	字节 6	字节 7

4. CAN 总线循环校验段

1）循环校验段：包括校验位和界定符，校验位包含 15 个位，界定符用于表示循环校验的结束。

2）循环校验位的作用：校验过程是通过循环计算冗余校验码的方式实现的，CAN 总线控制器内部循环校验的实现是基于多项式发生器和一个 15 位寄存器，其作用在于保证传输数据的正确性。

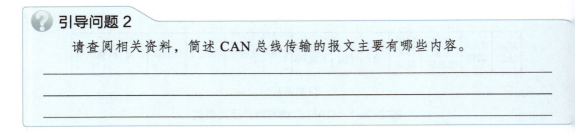

引导问题 2

请查阅相关资料，简述 CAN 总线传输的报文主要有哪些内容。

CAN 总线报文信号发送

1. CAN 总线事件报文与周期报文

1）发送事件报文：通常基于请求之后，车辆上的各个 ECU 向 CAN 总线发送报文。

2）发送周期报文：基于事件型的总线通信，一般也支持周期性发送。车辆上的各个 ECU 周期性地向 CAN 总线发送报文，周期型触发通常用于发送状态，发送周期通常为 20ms、50ms、100ms、200ms 等。

2. CAN 总线传输报文内容

1）发送端：需要对发送端进行设定，明确发送的是汽车上的哪一个 ECU。

2）消息标识符：写出消息标识符的 ID，以便能够进行通信以及仲裁机制。跟其他总线一样，CAN 总线的通信也是通过一种类似于"会议"的机制实现的，只不过会议的过程并不是由一方（节点）主导，而是每一个会议参加者都可以自由地提出会议议题（多主通信模式）。二者对应关系见表 2-3-2 和图 2-3-2。

表 2-3-2 "会议"机制

会议	局域网
参会人员	节点
会议人员身份	ID
会议议题	报文
会议人员发言顺序裁定	仲裁

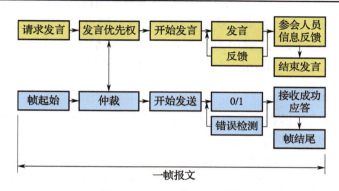

图 2-3-2 工作原理对比

3）信号名称：一帧报文能够携带多种信号，例如安全气囊控制器状态反馈监测信号、剩余油量低报警信号、车速信号、安全带信号等。编辑信号的名称，以便系统对信号进行辨别。

4）报文还包含其他必要信息，需要对报文中的内容进行了解与设定。主要包含信息见表 2-3-3。

表 2-3-3 主要包含信息

发送端	IPK（汽车仪表）			
消息标识符	0X26D			
固定周期	100ms			
信号名称	IPK-Speed	IPK-Oil	IPK-Safety Belt	IPK-Conditioner
信号长度（bit）	3	4	5	4
信号描述	车辆车速显示	车辆油量显示	安全带信号显示	空调设备显示

> **引导问题 3**
>
> 请查阅相关资料,简述 Intel 编码格式。
> _____
> _____
> _____

Intel 与 Motorola 编码格式

1. CAN 总线通信编码传输规则

1)在进行 CAN 总线通信设计或者测试过程中,经常看到的 CAN 总线信号编码格式有两种:Intel 格式与 Motorola 格式。

2)在编码优缺点方面,Motorola 格式与 Intel 格式并没有优劣之分,只不过根据设计者的习惯,由用户自主选择罢了。但是,对于使用者来讲,在解析之前,必须要知道编码的格式是哪一种,否则,就不能保证正确地解析信号的含义。

3)CAN 总线报文的发送顺序为首先发送 lsb,最后发送 msb。以下将以此方式为前提,介绍 Intel 格式与 Motorola 格式这两种编码方式的不同之处。

2. Intel 编码格式

1)当一个信号的数据长度不超过 1 个字节(8 位)并且信号在一个字节内实现(即该信号没有跨字节实现)时,该信号的高位(msb)将被放在该字节的高位,信号的低位(lsb)将被放在该字节的低位。这样,信号的起始位就是该字节的低位。如图 2-3-3、图 2-3-4 所示,分别以 4 位和 8 位数据长度的两种信号为例进行了说明。

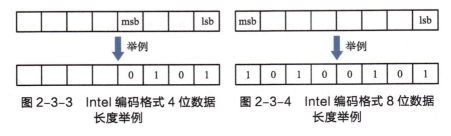

图 2-3-3　Intel 编码格式 4 位数据长度举例　　图 2-3-4　Intel 编码格式 8 位数据长度举例

2)当一个信号的数据长度超过 1 个字节(8 位)或者数据长度不超过一个字节但是采用跨字节方式实现时,该信号的高位(msb)将被放在高字节的高位,信号的低位(lsb)将被放在低字节的低位。这样,信号的起始位就是低字节的低位。如图 2-3-5、图 2-3-6 所示,分别以 12 位和 16 位数据长度的两种信号为例进行了说明。

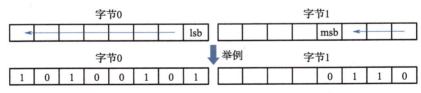

图 2-3-5　Intel 编码格式 12 位数据长度举例

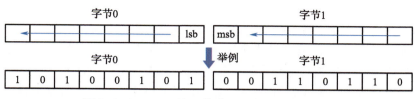

图 2-3-6　Intel 编码格式 16 位数据长度举例

3. Motorola 编码格式

1）当一个信号的数据长度不超过 1 个字节（8 位）并且信号在一个字节内实现（即该信号没有跨字节实现）时，该信号的高位（msb）将被放在该字节的高位，信号的低位（lsb）将被放在该字节的低位。这样，信号的起始位就是该字节的低位。如图 2-3-7、图 2-3-8 所示，分别以 4 位和 8 位数据长度的两种信号为例进行了说明。

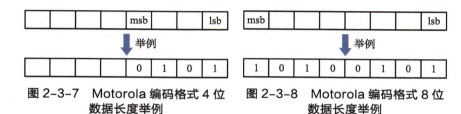

图 2-3-7　Motorola 编码格式 4 位数据长度举例　　图 2-3-8　Motorola 编码格式 8 位数据长度举例

2）当一个信号的数据长度超过 1 个字节（8 位）或者数据长度不超过一个字节但是采用跨字节方式实现时，该信号的高位（msb）将被放在低字节的高位，信号的低位（lsb）将被放在高字节的低位。这样，信号的起始位就是高字节的低位。如图 2-3-9、图 2-3-10 所示，分别以 12 位和 16 位数据长度的两种信号为例进行了说明。

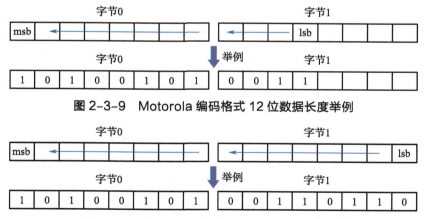

图 2-3-9　Motorola 编码格式 12 位数据长度举例

图 2-3-10　Motorola 编码格式 16 位数据长度举例

拓展阅读

随着智能网联汽车（Intelligent Connect Vehicle，ICV）的深入发展，汽车行业向万物互联方向发展的趋势日渐明朗。国家统计局 2022 年发布的《2021 年国民经济和社会发展统计公报》显示，2021 年全国私人轿车保有量为 15732 万辆，其中90%拥有智能网联功能,智能网联汽车已经进入大众生活。

智能网联汽车是指采取搭载先进传感器等探测装置,运用人工智能等新技术,具有自动驾驶功能,逐步成为智能移动空间和应用终端的新一代汽车。车辆实现了互联网接入,即车对外界的信息交换(V2X),包括车辆与车辆(Vehicle to Vehicle,V2V)、车辆与行人(Vehicle to Pedestrian,V2P)、车辆与路侧设施(Vehicle to Infrastructure,V2I)及车辆与设备(Vehicle to Device,V2D)等。

但智能网联汽车技术的发展也给我们带来了新的问题与挑战,各厂家的智能网联汽车为了提供智能决策、导航和娱乐等功能,拥有了越来越多的外向型组件,这违反了车载控制器局域网(Controller Area Network,CAN)封闭运行环境的初衷。开放的CAN总线环境使人们可以轻易地从有线接口或无线网络连接到车载CAN总线,致使智能网联汽车受到了多种破解和攻击威胁。

作为汽车中使用最多的车载通信总线,CAN总线相比其他的总线有着经济高效、抗电气干扰、自诊断和自纠错的优势。然而,由于CAN总线内置的安全功能设计之初主要用于保证通信可靠性,而忽略了信息安全问题,因此随着车内通信和车联网通信网络变得逐渐复杂,CAN总线更容易受到外部攻击。一旦攻击者攻破外围系统并接入CAN总线通信网络,就能实现对汽车的控制,给汽车驾驶带来巨大的风险。

2015年,全球著名白帽黑客、顶级安全专家查理·米勒和克里斯·瓦拉塞克远程侵入了一辆行驶中的吉普切诺基,并成功操作汽车强行制动,迫使克莱斯勒公司紧急召回旗下140多万辆存在安全隐患的汽车,造成了巨大的经济损失。2016年,Keen Security Lab宣布利用安全漏洞成功破解了特斯拉Model S系列汽车,通过特斯拉车内安装的网络浏览器得到车内的WiFi-AP地址,然后侵入车内单元,劫持网关,获得Model S的转向盘和制动系统的控制权。该机构于2017年再次实现了远程无接触式破解特斯拉。

车载网络使汽车不再是孤立的个体,行驶过程中的任何恶意攻击都可能导致汽车系统中的重要组件瘫痪或失去控制,造成车毁人亡的惨剧,因此车载信息安全问题引起了世界范围内研究人员的关注。2016年,由中国信息安全认证中心牵头,众多国内车企联合参与,建立了车载信息安全产业联盟(Automotive Cybersecurity Industry Alliance),并出版了《车载信息安全技术要求白皮书》。2020年9月3日,我国首个针对车联网信息安全技术的国家标准《汽车整车信息安全技术要求及实验方法》立项草案正式发布。该草案综合分析研究了《汽车信息安全通用技术要求》、ISO 21434《道路车辆信息安全工程》以及《汽车信息安全风险评估规范》等内容,对涉及汽车整车的威胁与风险进行了分析和评估,并识别出其中适用于整车的威胁与风险内容。

智能网联汽车技术的发展使车载CAN总线的信息安全问题成为人们关注的焦点,新技术的发展与应用在方便我们的日常生活的同时,往往也会给我们带来新的问题与挑战。这就要求我们在面对新技术的时候多加思考,既要考虑新技术的优势,也要考虑其可能带来的问题。

任务分组

学生任务分配表见表 2-3-4。

表 2-3-4　学生任务分配表

班级		组号		指导教师	
组长		学号			
组员角色分配					
信息员		学号			
操作员		学号			
记录员		学号			
安全员		学号			
任务分工					
（就组织讨论、工具准备、数据采集、数据记录、安全监督、成果展示等工作内容进行任务分工）					

工作计划

按照前面所了解的知识内容和小组内部讨论的结果，制定工作方案，落实各项工作负责人，包括任务实施前的准备工作、实施中主要操作及协助支持工作、实施过程中相关要点及数据的记录工作等（表 2-3-5）。

表 2-3-5　工作计划表

步骤	工作内容	负责人
1		
2		
3		
4		
5		
6		
7		
8		

进行决策

1）各组派代表阐述资料查询结果。
2）各组就各自的查询结果进行交流，并分享技巧。
3）教师对各组的计划方案进行点评。
4）各组长对组内成员进行任务分工，教师确认分工是否合理。

任务实施

引导问题 4

了解如何解析 CAN 信号后，扫描二维码观看视频，学习如何通过发送报文的方式控制线控灯光系统，并简述操作要点。
_____
_____

灯光系统 CAN 通信实训

参考操作视频，按照规范作业要求完成操作步骤，完成数据采集并记录（表 2-3-6、表 2-3-7）。

表 2-3-6 实训准备

序号	设备及工具名称	数量	设备及工具是否完好
1	底盘线控系统测试装调实验实训台	1 台	□是 □否
2	键盘	1 个	□是 □否
3	鼠标	1 个	□是 □否
质检意见	原因：		□是 □否

表 2-3-7 CAN 报文 Intel 格式

序号	步骤	记录	完成情况
1	CAN 总线数据传输首先传送字节的高位（msb），最后传输字节的低位（lsb），对于字节的传送顺序则根据主机厂定义为准，但是大部分还是先发送低字节再发送高字节		已完成□ 未完成□
2	表达信号特性的因子，例如：车速信号 500km/h，按照给定的公式，转换成十六进制数为 0x6A5，因为 6 代表的数量级最大（162），那么其中 6 就是其信号的高位		已完成□ 未完成□
3	信号的低位，即最不能表达信号特性的因子，例如：车速信号 500km/h，按照给定的公式，转换成十六进制数为 0x6A5，因为 5 代表的数量级最小（160），那么其中 5 就是其信号的低位		已完成□ 未完成□

（续）

序号	步骤	记录	完成情况
4	信号的起始位，一般来讲，主机厂在定义整车CAN总线通信矩阵时，其每一个信号都从其最低位开始填写，这样也符合使用习惯。所以信号的起始位就是信号的最低位。这也与CANoe中CANdb++的定义Startbit含义一致		已完成□ 未完成□
5	当一个信号的数据长度超过1个字节（8位）或者数据长度不超过一个字节但是采用跨字节方式实现时，该信号的高位（S_msb）将被放在高字节（msb）的高位，信号的低位（S_lsb）将被放在低字节（lsb）的低位。这样，信号的起始位就是低字节的低位		已完成□ 未完成□
总结提升			已完成□ 未完成□
质检意见	原因：		已完成□ 未完成□

评价反馈

1）各组代表展示汇报 PPT，介绍任务的完成过程。

2）以小组为单位，对各组的操作过程与操作结果进行自评和互评，并将结果填入表 2-3-8 中的小组评价部分。

3）教师对学生工作过程与工作结果进行评价，并将评价结果填入表 2-3-8 中的教师评价部分。

表 2-3-8　综合评价表

班级			组别		姓名		学号	
实训任务								
评价项目			评价标准				分值	得分
小组评价	计划决策		制定的工作方案合理可行，小组成员分工明确				10	
	任务实施		能够正确检查并设置实训工位				5	
			能够准备和规范使用工具设备				5	
			能够正确认知 CAN 报文 Intel 格式				20	
			能够正确认知 CAN 报文 Motorola 格式				20	
			能够规范填写任务工单				10	
	任务达成		能按照工作方案操作，按计划完成工作任务				10	
	工作态度		认真严谨，积极主动，安全生产，文明施工				10	
	团队合作		小组组员积极配合，主动交流，协调工作				5	
	6S 管理		完成竣工检验，现场恢复				5	
	小计						100	
教师评价	实训纪律		不出现无故迟到、早退、旷课现象，不违反课堂纪律				10	
	方案实施		严格按照工作方案完成任务实施				20	
	团队协作		任务实施过程互相配合，协作度高				20	
	工作质量		能准确完成实训规定的任务				20	
	工作规范		操作规范，三不落地，无意外事故发生				10	
	汇报展示		能准确表达，总结到位，改进措施可行				20	
	小计						100	
综合评分			小组评价分 ×50% ＋教师评价分 ×50%					
总结与反思								
（如：学习过程中遇到什么问题→如何解决的 / 解决不了的原因→心得体会）								

能力模块三 线控转向系统调试

任务一 调研分析线控转向系统

学习目标

知识目标

1）了解线控转向系统的定义及特点。
2）掌握线控转向系统的结构。
3）掌握线控转向系统的工作原理。

技能目标

1）能够认知线控转向系统的结构。
2）能够阐述线控转向系统的工作原理。

素养目标

1）认真严谨，积极主动，安全生产，文明施工。
2）获得多途径检索知识、分析解决问题以及多元化思考解决问题的方法，形成创新意识。
3）严格执行各项规章制度及 6S 现场管理，培养精益求精的工匠精神。

知识索引

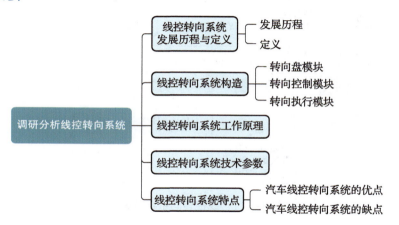

汽车线控底盘与智能控制

情境导入

各大制造商在概念车上使用线控转向系统的例子很多,比如奔驰的F400 Carving和宝马的Z22等,但实实在在用在量产车上的,只有英菲尼迪Q50这一个车型,所以Q50是当之无愧的先驱。由于这项技术在汽车上的应用实在太新,虽然英菲尼迪以及转向系统供应商KYB前后花了十多年时间进行设计与验证,但不幸的是在上市不到一年,Q50就因为线控转向系统缺陷而不得不大量召回,从这个角度讲,Q50又成为了一个先烈。作为一名测试工程师,你将要向新入职的员工讲述线控转向系统的结构、工作原理与发展趋势。

获取信息

引导问题1

请查阅相关资料,简述线控转向系统的定义。

_____

_____

_____

线控转向系统发展历程与定义

1. 发展历程

科学技术的迅猛发展极大地促进了汽车技术和汽车工业的发展,汽车转向系统也不例外,线控转向系统的发展如图3-1-1所示。1902年,英国人Frederick W. Lanchester

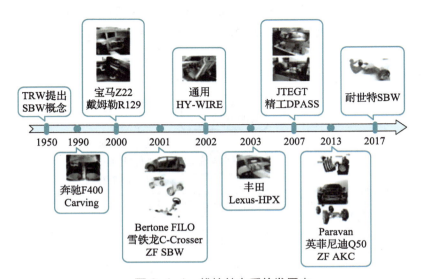

图3-1-1 线控转向系统发展史

首次发明了机械液压助力转向系统。1954 年，通用汽车公司首次将液压助力转向系统应用于汽车上。经过一系列的技术革新，20 世纪 80 年代早期出现了电子液压助力转向系统。1988 年，日本铃木汽车公司首先在其小型轿车 Cervo 上装备了电动助力转向系统。传统的转向系统受制于自身设计形式和机械连接的限制，传动比固定或者可变范围很小，导致其不能兼顾不同转向盘转角和不同车速下的转向性能，增加了驾驶员的操作负担。随着汽车技术和电子控制技术的发展，线控技术开始应用在智能网联汽车上，线控转向系统应运而生。

2. 定义

线控转向就是把依靠转向管柱连接转向机构来实现转向的传统方式，转换成为通过传感器检测转向盘角度信号，并通过计算机控制伺服电动机来实现驱动转向的转向系统。驾驶员对转向盘的操作仅仅只是在驱动一个转角传感器，并由转向盘电动机提供转动阻尼和回馈，由于转向盘与前轴转向机构之间没有任何刚性连接，从机械层面是断开的，通过总线传输必要的信息，故该系统也称作柔性转向系统。汽车线控转向如图 3-1-2 所示。

图 3-1-2　汽车线控转向示意图

> **引导问题 2**
>
> 请查阅相关资料，简述线控转向系统的结构。
> _____
> _____
> _____

线控转向系统构造

汽车线控转向系统结构如图 3-1-3 所示，其主要由转向盘模块、转向控制模块以及转向执行模块组成。

1. 转向盘模块

转向盘模块包括转向盘、转矩传感器、转向角传感器、转矩反馈电动机和机械传

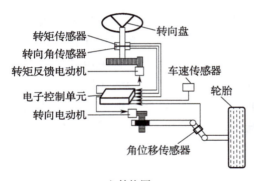 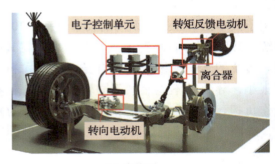

a）结构图　　　　　　　　　　　　　b）实物图

图 3-1-3　汽车线控转向系统结构

动装置。转向盘模块的主要作用是接收驾驶员输入的转向盘转角或者转矩信号，并通过传感器将信号转为电信号传递给转向控制模块，由转向控制模块根据控制策略产生相应的信号传递给转向执行模块；同时转矩反馈电动机根据转向控制模块发出的控制信号，产生相应的回正力矩，给驾驶员提供不同工况下的路感信息。

（1）转矩传感器

转矩传感器主要安装在转向盘下方的转向柱最下面，用来测量驾驶员作用在转向盘上力矩的大小和方向，并将其转换为电信号，动力转向 ECU 接收此信号及车速信号，决定辅助动力的方向和大小，从而在低速行驶时控制转向力矩变小，在高速行驶时控制转向力矩适度增大。非接触式转矩传感器如图 3-1-4 所示。

（2）转向角传感器

转向角传感器是车辆稳定性控制系统的一个组成部分，主要安装在转向盘下方的转向柱内，一般通过 CAN 总线和 PCM 相连，可以分为模拟式转向盘转角传感器和数字式转向盘转角传感器，如图 3-1-5 所示。

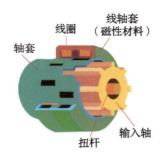 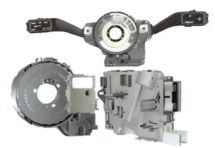

图 3-1-4　非接触式转矩传感器　　　　图 3-1-5　转向角传感器

2. 转向控制模块

转向控制模块包括车速传感器和电子控制单元，也可以增加横摆角速度传感器、加速度传感器。转向控制模块是线控转向系统的控制中心和决策中心，是线控转向系统最为核心的部分。它通过采集传感器信号，对驾驶员意图和当前汽车状态进行判断，根据提前设定好的控制策略做出合理决策。转向控制模块一方面控制转向执行模块，保证汽车能够准确实现驾驶员输入的转向指令，并保证汽车的稳定性；另一方面控制转矩反馈电动机，保证其能够给驾驶员提供舒适良好的路感。

（1）车速传感器

车速传感器大多数安装在驱动桥的桥壳内，还有安装在变速器壳体内，如图3-1-6所示。这一传感器是为仪表盘的车速表供给数据的。并且车速传感器的信号也必须反馈给ECU，ECU根据这一信号来执行以下操作：调整变速器档位、调节变速器变矩器的锁止、调节发动机怠速、调节冷却风扇的开启和关闭、调节定速巡航等。

图3-1-6　车速传感器

（2）ECU

ECU通过收集各轮胎附着力、滑移量、转向盘转向角度、节气门开度等各传感器信息，高速测算出理想转向角度、车辆功率输出并监测车辆动态滑移率，驱动ABS总成、电子节气门等实时做出反应，修正车辆运动状态。

3. 转向执行模块

转向执行模块包括角位移传感器、转向电动机、齿轮齿条转向机构和其他机械转向装置等。其功能主要是接收转向控制模块发出的转向指令，并由转向电动机产生合适的转矩和转角，控制车轮转向；同时前轮角位移传感器实时监测前轮转角及其变化，并接收路面信息，将其转换为电信号反馈给转向控制模块，作为路感模拟的输入信号。

（1）角位移传感器

它是位移传感器的一种类别，它采用了非接触式设计，与别的角位移测量仪等相比，有效地提高了角位移传感器的长期可靠性，如图3-1-7所示。

（2）转向电动机

转向电动机一般使用永磁有刷直流电动机（图3-1-8）。有刷电动机的定子上安装有固定的主磁极和电刷，转子上安装有电枢绕组和换向器。直流电源的电能通过电刷

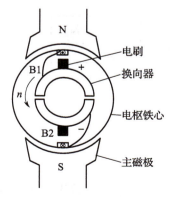

图3-1-7　角位移传感器示意图　　图3-1-8　永磁有刷直流电动机结构

和换向器进入电枢绕组,产生电枢电流,电枢电流产生的磁场与主磁场相互作用产生电磁转矩;使电机旋转带动负载。

(3)齿轮齿条转向机构

齿轮齿条转向机构由与转向轴做成一体的转向齿轮和常与转向横拉杆做成一体的齿条组成。其基本结构是一对相互啮合的小齿轮和齿条,转向轴带动小齿轮旋转时,齿条便做直线运动;靠齿条来直接带动横拉杆,就可使转向轮转向。

此外,故障容错系统是线控转向系统不可或缺的重要部分,它时刻监测着线控转向系统各个部分的反馈状态和工作情况,针对不同的故障形式采取不同的处理措施,在部分硬件或软件出现故障时,保证汽车仍具有基本的转向能力。线控转向系统采用严密的故障检测和处理逻辑,以最大限度地提高汽车安全性能。

> **引导问题 3**
>
> 请查阅相关资料,简述线控转向系统的工作原理。
> _____
> _____
> _____

线控转向系统工作原理

汽车线控转向系统的工作原理如图 3-1-9 所示,驾驶员进行转向操作时,通过转向盘输入转向的角度、转向角速度以及转向力矩,转向盘模块中的传感器采集一系列信号并传递到转向控制模块,转向控制模块处理这些信号并根据自身车辆的速度以及其他信号进行传动比的计算,给出所需的前轮转角,然后控制转向执行模块的转向电动机带动前轮转到目标转角,实现转向意图。与此同时,转向控制模块根据车辆的前轮转角信号、一系列轮胎力信号以及驾驶员意图,通过路感模拟决策发出指令控制转矩反馈电动机输出力矩反馈路面情况。

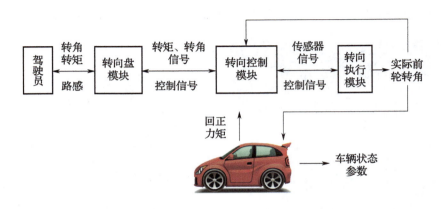

图 3-1-9 汽车线控转向系统的工作原理

引导问题 4

请查阅相关资料,简述线控转向系统的技术参数有哪些。

_____

_____

_____

线控转向系统技术参数

转向系统的主要参数包括转向系的效率、转向系的角传动比、转向器传动副传动间隙特性、转向盘的总转动圈数、转向盘自由转动量、转向盘转向力。各参数介绍见表 3-1-1。

表 3-1-1 汽车线控转向系统的技术参数

参数	定义	单位	范围	符号
转向系的效率	转向器输出功率与输入功率之比,分为正效率和逆效率	—	正效率越高越好	η_0
转向系的角传动比	转向盘转角的增量与同侧转向节转角的相应增量之比	—	轿车 i_w=10.2~24.2 货车 i_w=13.6~35.2	i_w
转向器传动副传动间隙	指各种转向器中各传动副(如齿轮齿条式转向器的齿轮与齿条传动副;循环球式转向器的齿扇与齿条传动副)之间的间隙	mm	在转向盘处于中间及其附近位置时(一般是10°~15°)要极小	Δt
转向盘的总转动圈数	转向盘从一个极端位置转到另一个极端位置时所转过的圈数称为转向盘的总转动圈数	圈(一圈为360°)	轿车≤3圈 货车≤6圈	n
转向盘自由转动量	最大自由转动量即原地不动情况下,转向盘可以自由转动的最大角度	°	车速≥100km/h,φ≤10° 车速<100km/h,φ≤15° 农用三轮车,φ≤22.5°	φ
转向盘转向力	指在一定行驶条件下作用在转向盘外缘的最大切向力。它可以由转向参数测量仪或转向测量仪检测	N	根据测量仪的测量范围	F

引导问题 5

请查阅相关资料,简述线控转向系统的特点。

_____

_____

_____

线控转向系统特点

1. 汽车线控转向系统的优点

线控转向系统采用电子控制单元实现对汽车转向的控制,理论上可以自由设计转向系统的角传递特性和力传递特性,具有传统转向系统不可比拟的性能优点。

（1）能够改善路感

应用汽车线控转向控制技术,能够消除路面不平对方向造成的影响,可根据驾驶员需求来自由设计,满足了个性化的驾驶需求。

（2）有助于底盘的集成控制

借助车载总线,能够实现电动助力转向系统（EPS）、防抱死制动系统（ABS）、直接横摆力矩控制（DYC）等系统的集成,实现信息的共享利用,提高汽车的整体性能。

（3）提高了操控性能

汽车线控转向摆脱了机械连接,让汽车在低速行驶时,有更好的灵敏度,高速行驶时,转向更为平稳,降低驾驶员的体力消耗。

（4）节省空间

由于原本转向系统中的转向轴和转向管等机械部分被取消,增加了驾驶员的活动空间,并方便了车内布置的设计。

（5）提高了被动安全性

因为机械部件的减少,降低了转向系统强度,使其在碰撞中更易变形,在汽车发生事故时,减少了转向系统对驾驶员的伤害。

（6）提高转向效率,降低能源消耗

线控转向不依赖于机械传递,缩短了响应时间,转向效率提高。同时机械传动减少,传动效率提高,整车质量减小,降低了燃油消耗,更加节能环保。

2. 汽车线控转向系统的缺点

1）需要较高功率的力反馈电动机和转向执行电动机。
2）需要复杂的力反馈电动机和转向执行电动机的算法实现。
3）冗余设备导致额外增加成本和重量。
4）对性能车和跑车这种强调驾驶乐趣的车型来说路感不足,驾驶乐趣差。
5）由于使用纯电子信号作为执行数据传输,所以系统在一定程度具有被黑客攻击的潜在危险性。

任务分组

学生任务分配表见表 3-1-2。

表 3-1-2　学生任务分配表

班级		组号		指导教师	
组长		学号			
组员角色分配					
信息员		学号			
操作员		学号			
记录员		学号			
安全员		学号			
任务分工					
（就组织讨论、工具准备、数据采集、数据记录、安全监督、成果展示等工作内容进行任务分工）					

工作计划

按照前面所了解的知识内容和小组内部讨论的结果，制定工作方案，落实各项工作负责人，包括任务实施前的准备工作、实施中主要操作及协助支持工作、实施过程中相关要点及数据的记录工作等（表 3-1-3）。

表 3-1-3　工作计划表

步骤	工作内容	负责人
1		
2		
3		
4		
5		
6		
7		
8		

进行决策

1）各组派代表阐述资料查询结果。
2）各组就各自的查询结果进行交流，并分享技巧。
3）教师对各组的计划方案进行点评。
4）各组长对组内成员进行任务分工，教师确认分工是否合理。

汽车线控底盘与智能控制

任务实施

引导问题 6

扫描二维码观看视频，了解如何通过 CAN 报文控制线控转向系统，并简述操作要点。

线控转向系统 CAN 通信实训

_____
_____

参考操作视频，按照规范作业要求完成操作步骤，完成数据采集并记录（表 3-1-4~表 3-1-6）。

表 3-1-4 实训准备

序号	设备及工具名称	数量	设备及工具是否完好
1	底盘线控系统测试装调实验实训台	1 台	□是 □否
质检意见	原因：		□是 □否

表 3-1-5 识别线控转向系统的结构

序号	步骤	记录	完成情况
1	汽车线控转向系统其主要由转向盘模块、转向控制模块以及转向执行模块组成		已完成□ 未完成□
2	转向盘模块包括转向盘、转矩传感器、转向角传感器、转矩反馈电动机和机械传动装置		已完成□ 未完成□
3	转向控制模块包括车速传感器和电子控制单元（Electronic Control Unit，ECU）		已完成□ 未完成□

（续）

序号	步骤	记录	完成情况
4	转向执行模块包括角位移传感器、转向电动机、齿轮齿条转向机构和其他机械转向装置等（转向助力电动机、转向执行机构）		已完成□ 未完成□
总结 提升			已完成□ 未完成□
质检 意见	原因：		已完成□ 未完成□

表 3-1-6　线控转向系统 CAN 信号解析

序号	步骤	记录	完成情况
1	下发指令有 8 个字节组成，需要根据每个字节所代表的含义和信号长度来设计 CAN 报文 名称：转向控制 发送节点：决策控制单元；接收结点：底盘节点；帧ID：0x18C4D2D0；波特率：500K；帧格式：数据帧；帧类型：扩展帧 报文长度：8字节 起始字节　功能　起始位　信号长度　说明 byte1　转向线控使能　0　1　0=disable，1=enable byte2　目标转向角度　8　12　0.043945°/bit；单位°；偏移量（-90） byte3　保留 byte4　保留 byte5　保留 byte6　保留 byte7　心跳信号　52　4　每发一帧，数值加1 byte8　消息校验　56　8　校验位		已完成□ 未完成□
2	第一个字节代表的为转向线控功能使能标志位，起始位为 0，信号长度为 1，用二进制来表示第一个字节为 01		已完成□ 未完成□
3	第二和第三个字节代表的为总线信号，通过公式"目标转向角度 = 总线信号×0.043945°-90"来计算出总线信号		已完成□ 未完成□
4	例如：给定 24° 目标转向角度： 总线信号 =（24+90）/0.043945=2594 转换成 16 进制为"0XA22" 因为 A 代表的数量级最大，所以 A 为高位，放在高字节的高位；得到第二和第三字节为"22 0A"。注意：此台架内部软限位转角为 -28°～28°。		已完成□ 未完成□

（续）

序号	步骤	记录	完成情况
5	根据后面字节所代表的含义，最终得到的下发指令为"01 22 0A 00 00 00 00 00"		已完成□ 未完成□
6	进入转向系统控制，打开 CAN 设备，选择扩展帧，选择自动模式，将下发指令输入到正确位置		已完成□ 未完成□
7	验证是否为 24° 转角角度。注意：下发指令后，转向盘会自己转动，不要触碰转向盘		已完成□ 未完成□
总结 提升			已完成□ 未完成□
质检 意见	原因：		已完成□ 未完成□

评价反馈

1）各组代表展示汇报 PPT，介绍任务的完成过程。

2）以小组为单位，对各组的操作过程与操作结果进行自评和互评，并将结果填入表 3-1-7 中的小组评价部分。

3）教师对学生工作过程与工作结果进行评价，并将评价结果填入表 3-1-7 中的教师评价部分。

表 3-1-7 综合评价表

班级		组别		姓名		学号	
实训任务							
评价项目		评价标准				分值	得分
小组评价	计划决策	制定的工作方案合理可行,小组成员分工明确				10	
	任务实施	能够正确检查并设置实训工位				5	
		能够准备和规范使用工具设备				5	
		能够正确认知线控转向系统的结构				20	
		能够正确解析线控转向系统CAN信号				20	
		能够规范填写任务工单				10	
	任务达成	能按照工作方案操作,按计划完成工作任务				10	
	工作态度	认真严谨,积极主动,安全生产,文明施工				10	
	团队合作	小组组员积极配合,主动交流,协调工作				5	
	6S管理	完成竣工检验,现场恢复				5	
		小计				100	
教师评价	实训纪律	不出现无故迟到、早退、旷课现象,不违反课堂纪律				10	
	方案实施	严格按照工作方案完成任务实施				20	
	团队协作	任务实施过程互相配合,协作度高				20	
	工作质量	能准确完成实训规定的任务				20	
	工作规范	操作规范,三不落地,无意外事故发生				10	
	汇报展示	能准确表达,总结到位,改进措施可行				20	
		小计				100	
综合评分		小组评价分×50%+教师评价分×50%					
总结与反思							

(如:学习过程中遇到什么问题→如何解决的/解决不了的原因→心得体会)

任务二　标定测试线控转向系统

学习目标

知识目标

1）了解线控转向系统的标定意义。
2）掌握线控转向系统的标定方法。
3）掌握线控转向系统的标定过程。

技能目标

1）能够识别转向系统的技术参数。
2）能够对线控转向系统进行标定。

素养目标

1）认真严谨，积极主动，安全生产，文明施工。
2）获得多途径检索知识、分析解决问题以及多元化思考解决问题的方法，形成创新意识。
3）严格执行各项规章制度及6S现场管理，培养精益求精的工匠精神。

知识索引

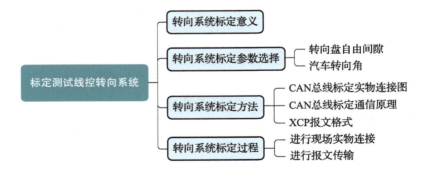

情境导入

　　不同汽车都有不同的风格，我们可以把这个风格称为驾驶性，驾驶性会影响着车辆的用途，如商务接待、运送货物等。这个驾驶性，其实简单点说，就是汽车设置的一些关于动力的参数，让车辆具有相应的性能表现。转向系统的标定会使车辆在低速行驶中转向轻便，在高速行驶中转向稳定。作为一名测试工程师，你将要带领新入职员工完成线控转向系统的标定与测试。

获取信息

引导问题 1

请查阅相关资料,简述转向系统的标定意义。
_____
_____
_____

竞赛指南　　在 2022 年全国职业院校技能大赛的汽车技术赛项里的智能网联汽车技术模块中,要求参赛选手对线控底盘进行包括 CAN 数据的读取和解析、速度与转向等参数的数据发送、控制执行机构相关参数的读取与调测等一系列操作。

转向系统标定意义

对转向系统进行标定主要是为了检测转向系统转向盘出现的角度偏差,并对出现的偏差通过一定的步骤进行标定调节,使驾驶员能够操作自如,提高行车安全。现代汽车上的控制器越来越多,为使控制器工作在最佳状态,需要根据被控系统的参数来对控制器进行标定。而标定是指根据汽车发动机性能、整车性能、经济性、安全性等多项指标对汽车电控系统软件的运行参数进行调整和优化。

引导问题 2

请查阅相关资料,简述转向盘自由间隙参数和汽车转向角参数的影响。
_____
_____
_____

职业认证　　新能源汽车装调与测试职业技能等级要求(中级)中的转向系统检测与验证任务要求考生能完成转向系统测试与验证,确认转向系统符合技术要求,能编写测试报告。通过新能源汽车装调与测试职业技能等级(中级)考核可获得教育部 1+X 证书中的新能源汽车装调与测试职业技能等级证书(中级)。

转向系统标定参数选择

1. 转向盘自由间隙

转向盘自由间隙又叫自由转角或行程,是指转向轮不发生偏转的情况下,转向盘所能转过的角度。它是整个转向系统和转向轮之间综合间隙的叠加。

转向盘自由间隙参数的影响如下：

1）合适的转向盘自由间隙对缓和路面冲击，使转向柔和以及减轻驾驶员的疲劳是有利的。

2）当转向盘自由间隙过大时会影响转向的灵敏度和产生车轮摆振，影响行车安全。

2. 汽车转向角

汽车转向角是指汽车前轮向左或者向右转到极限位置与前轮不发生偏转时中心线所形成的角度。转向系统是影响操稳性的最主要系统之一，所以转向系统的设计始终是研究汽车操稳性的重要内容。汽车转向角如图 3-2-1 所示。

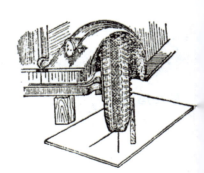

图 3-2-1 汽车转向角

汽车转向角参数的影响如下：

1）操纵稳定性。操纵稳定性良好的汽车不仅能够较好地遵从驾驶员的意愿行驶，而且能够保持安全稳定的行驶状态。其性能的好坏能直接影响低速行驶时的稳定性和舒适性，也影响了汽车高速行驶时的安全性。

2）转向角参数不合理将会造成汽车的诸多不良状况发生进而导致交通事故。具体包括转向沉重、转向盘发抖、不容易回正或者轮胎不正常磨损等问题。

> **引导问题 3**
>
> 请查阅相关资料，简述 XCP 协议的优点。
> _____
> _____
> _____

转向系统标定方法

1. CAN 总线标定实物连接图

通过 CAN 总线进行标定时，在 PC 端（上位机）通过 CAN 卡连接到整车上（下位机）。标定实物连接图如图 3-2-2 所示，标定原理连接图如图 3-2-3 所示。

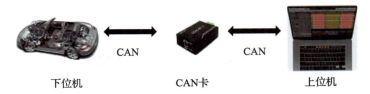

图 3-2-2 标定实物连接图

1）上位机。上位机是指可以直接发出操控命令的计算机，一般是指 PC（个人计算机）如图 3-2-4 所示。上位机是控制部分，其功能是发出指令和接收反馈信息。

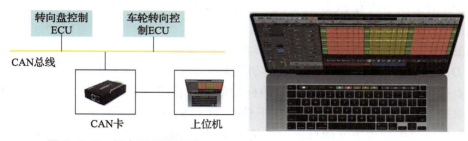

图 3-2-3　标定原理连接图　　　　图 3-2-4　上位机

2）下位机。下位机是直接控制设备获取设备状况的计算机，一般是指执行端的控制器，其功能是接受上位机发出的指令并执行，同时把信息发送给上位机。在本文中下位机是指整车上的各个 ECU，如图 3-2-5 所示。

3）CAN 卡。CAN 总线数据的收发由 CAN 控制器和 CAN 收发器完成。这种接口在汽车行业中应用广泛，而且在工业控制、机器人、医疗器械、传感器等领域发展迅速。为了扩展 CAN 总线的功能并与计算机相连，可设计具有 CAN 接口和 PC 接口的 CAN 适配卡，用来收集 CAN 总线上各个节点的信息，转发给 PC，并可将 PC 的命令和数据转发给各个节点以及完成对 CAN 总线上的用户系统的部分监控和管理工作，如图 3-2-6 所示。

图 3-2-5　下位机车身 ECU　　　　图 3-2-6　CAN 卡

2. CAN 总线标定通信原理

ASAM 组织（Standardization of Application/Calibration System task force）是由奥迪、宝马等知名汽车生产厂商联合建立的，创建 ASAM 组织的初衷就是要形成一套统一的汽车开发标准，使其可以应用于汽车 ECU 的测试、诊断与标定等方面，实现设备的模块化与自动化。

XCP（Universal Calibration Protocol）则是由 ASAM 组织在 2003 年提出的可在不同的通信总线上进行标定的新型标定协议。

1）XCP 的应用场景如下：

①上传 ECU 数据，实现对 ECU 内部变量进行观测，在线对 ECU 内部变量进行标定，刷写 ECU 程序或数据。

②数据仿真，周期性下载数据至 ECU，其中通常使用的是对变量的观测、标定以

及刷写 ECU。

2) XCP 协议具有以下优点：

①能够对总线中所有 ECU 进行统一测量与校准。

②能够在 ECU 运行时同步进行测量。

③能够在校准过程中对控制进行同步测量操作。

3) DAQ 通信模式：在标定与校验功能部分采用一次请求多次应答的通信模式。上位机需要进行标定操作时，将修改后的标定值通过标定请求报文发出后，下位机接到标定请求报文，对报文进行解析并对下位机 ECU 的相应变量进行数值修改，并将修改后的数值通过周期型报文的形式发送给上位机，一帧请求报文即对应多帧反馈报文。图 3-2-7 所示为标定及校验功能业务流程示意图。

当上位机与下位机上电后，下位机即周期性地将监测反馈报文发送给上位机，报文中包含很多下位机 ECU 的状态变量，供上位机监测以实时了解下位机 ECU 状态。图 3-2-8 所示为监测功能业务流程示意图。

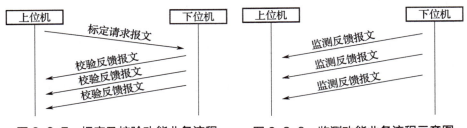

图 3-2-7　标定及校验功能业务流程示意图　　图 3-2-8　监测功能业务流程示意图

3. XCP 报文格式

图 3-2-9 展示了 XCP 协议中标定过程所使用到的报文帧格式。报文的第一个字节是被称为"PID"的标识符，被用来区分是怎样的报文。当上位机需要进行标定时，会先向下位机发送标定请求报文 1，其中包含待标定变量在下位机 ECU 中的内存地址，之后下位机 ECU 发送反馈报文，如果成功，则上位机发送标定请求报文 2，其中包含标定变量的字节数和数值。

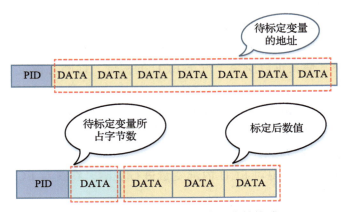

图 3-2-9　XCP 协议标定报文帧格式

引导问题 4

请查阅相关资料,简述转向系统标定过程。

_____

_____

_____

竞赛指南 在 2022 年全国职业院校技能大赛的汽车技术赛项里的智能网联汽车技术模块中,要求参赛选手对线控底盘进行车辆转向检查。

转向系统标定过程

1. 进行现场实物连接

进行实物连接,使用上位机 PC 端连接 CAN 卡,通过 CAN 卡连接到车辆的转向控制 ECU 端,如图 3-2-10 所示。

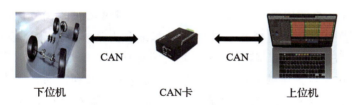

图 3-2-10　现场实物连接

2. 进行报文传输

1）首先运用上位机 PC 端通过 CAN 总线发送请求标定报文。其中 PID 位为转向角标定标识符,后面数据位为转向系统 ECU 地址,通过上位机 PC 端发送请求标定报文,如图 3-2-11 所示。

图 3-2-11　发送请求标定报文

2）等待转向角系统 ECU 反馈报文给上位机 PC 端示意发送成功。

3）上位机 PC 端向转向系统 ECU 发送包含转向角标定变量的字节数和数值,如图 3-2-12 所示。

4）重复以上步骤,进行多次标定,通过筛选数据得到更准确的标定值。

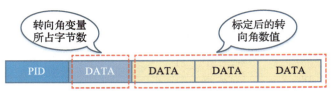

图 3-2-12　发送转向角标定变量

拓展阅读

随着智能驾驶技术的发展和应用,线控转向(SBW)渗透率快速提升,当前电子助力转向(EPS)已是汽车法规要求的标配产品。转向系统主要的技术发展路径和方向有两条:一是转向效率更高的 R-EPS 和 DP-EPS 的市场份额有望持续增大;二是随着 L3 及以上级别智能驾驶技术的发展和应用,有冗余的线控转向(SBW)市场占有率将逐步提升。SBW 是 EPS 的升级产品,占用空间更少,操纵稳定性更佳,主动和被动安全性更高,能够满足 L3 及以上级别智能驾驶要求。

线控转向系统(SBW)是指取消中间传动轴,转向盘与转向机构之间只通过电信号传输的车辆转向系统。线控转向动力来源完全由人手以外的动力提供,故又称为全动力转向。线控转向硬件结构与 R-EPS 相似,主要区别在于软件算法复杂度大幅提升。目前因路感模拟、主动转向控制等核心技术尚不成熟以及冗余备份带来额外硬件成本,阻碍线控转向产品落地和大规模产业化。根据行业分析,预计短期内"EPS+冗余"将作为线控转向的替代品,满足 L3 及以下级别自动驾驶的需要。2025 年,伴随 L3 及以上级别自动驾驶技术和产品搭载率的提升,线控转向有望在高端车型上实现批量应用;2030 年,随着线控转向技术成熟度提升、成本下降以及高阶自动驾驶技术渗透率的进一步提升,线控转向有望得到进一步普及,渗透率将进一步提升和增大。

线控转向系统的主要技术优势如下:

1)线控转向取消了转向柱后,可避免事故中转向柱对驾驶员的伤害;在驾驶员驾驶模式下,线控转向 ECU 根据行驶状态能够判断驾驶员的操作是否合理,从而做出一定的调整,提升驾驶稳定性和安全性能。

2)降低主机厂底盘系统生产配套成本,线控转向实现了机械解耦,空间布置灵活,可以适用不同车型,主机厂生产配套成本降低。

3)线控转向系统取消了传统转向系统的中间轴的机械连接,可以实现由电子控制单元主动决策执行转向操作;并可在转向过程中保持转向盘静默,方便驾驶员接管,满足自动驾驶技术要求。

4)传统转向系统采用机械连接,转向传动比一般固定,由齿轮等机械结构决定。线控转向没有机械连接,转向传动比完全可以靠软件随时调节,实现随速度变化的传动比变化。

5)线控转向取消转向柱后,转向盘下方空间增加,能够提供更大的腿部空间,提高驾驶位的自由度和进出的方便性。

国内的线控转向供应商发展较晚，但依托于国内发展迅速且市场容量巨大的新能源汽车市场，各大零部件厂商分别与主机厂开展了深度预研合作，有望在几年内推动线控转向产品上车。长城精工、联创电子等已在研发线控转向系统，其中长城精工研发的支持 L4+ 自动驾驶的 SBW 系统已接近量产，联创电子正在研发功能样机，浙江世宝的 SBW 技术已立项，正在研发。

任务分组

学生任务分配表见表 3-2-1。

表 3-2-1 学生任务分配表

班级		组号		指导教师	
组长		学号			
组员角色分配					
信息员		学号			
操作员		学号			
记录员		学号			
安全员		学号			
任务分工					
（就组织讨论、工具准备、数据采集、数据记录、安全监督、成果展示等工作内容进行任务分工）					

工作计划

按照前面所了解的知识内容和小组内部讨论的结果，制定工作方案，落实各项工作负责人，包括任务实施前的准备工作、实施中主要操作及协助支持工作、实施过程中相关要点及数据的记录工作等（表 3-2-2）。

表 3-2-2 工作计划表

步骤	工作内容	负责人
1		
2		
3		
4		
5		

（续）

步骤	工作内容	负责人
6		
7		
8		

进行决策

1）各组派代表阐述资料查询结果。
2）各组就各自的查询结果进行交流，并分享技巧。
3）教师对各组的计划方案进行点评。
4）各组长对组内成员进行任务分工，教师确认分工是否合理。

任务实施

引导问题 5

扫描二维码观看视频，了解如何进行线控转向系统的标定，并简述操作要点。

动力学标定 - 线控转向系统标定

参考操作视频，按照规范作业要求完成操作步骤，完成数据采集并记录（表 3-2-3、表 3-2-4）。

表 3-2-3 实训准备

序号	设备及工具名称	数量	设备及工具是否完好
1	底盘线控系统测试装调实验实训台	1 台	□是 □否
2	键盘	1 个	□是 □否
3	鼠标	1 个	□是 □否
质检意见	原因：		□是 □否

表 3-2-4 线控转向系统的标定

序号	步骤	记录	完成情况
1	底盘线控测试系统由六大部分组成，从左至右分别是安全注意事项、线控制动模块、车身电子电气模块、线控转向模块、线控驱动模块和驾驶体验模式		已完成□ 未完成□
2	启动电源按钮，底盘线控系统测试装调实验实训台通电		已完成□ 未完成□

（续）

序号	步骤	记录	完成情况
3	进入"线控转向模块",有转向结构认知、线控转向控制和转向标定实操三个部分;单击并进入"转向标定实操"		已完成□ 未完成□
4	打开"CAN设备",使底盘线控系统测试装调实验实训台中的线控转向系统与底盘线控测试系统进行通信,界面中显示出当前状态下线控转向系统的状态		已完成□ 未完成□
5	由于底盘线控系统测试装调实验实训台的转向CAN协议为标准帧,所以帧类型选择标准帧		已完成□ 未完成□
6	检查转向系统: 1)把转向盘向左打满,此时显示的数据与转向盘转角(期望值 –520°~520°)与左前轮车轮角度(期望值27.5°~28.5°)与期望的值不一致,说明当前的标定数据是错误的 2)打开"数据流",单击"解析后数据",以下数据分别为VCU使能数据、VCU控制数据和转向解析数据;从VCU控制数据中观察出"当前左前轮转角"的度数,从"转向解析数据"中观察出"当前转向盘角度"的数值,与期望值也是不一致 结论:由于转向盘和车轮当前标定数据有误,因此,需要进行"转向标定实操"校准标定数据		已完成□ 未完成□
7	单击"启动"按钮,根据提示,实训台选择"手动模式",选择"是",开始标定		已完成□ 未完成□
8	转向盘和车轮向左打满进行标定		已完成□ 未完成□

079

（续）

序号	步骤	记录	完成情况
9	转向盘和车轮零点标定，当前转向盘和车轮向右旋转，找到零点位置，也就是转向盘和车轮处于正方向状态		已完成☐ 未完成☐
10	转向标定完成		已完成☐ 未完成☐
11	检查验证：把转向盘向左打满，此时显示的数据与转向盘转角（期望值 –520°~520°）与左前轮车轮角度（期望值 27.5°~28.5°）与期望的值一致，标定成功		已完成☐ 未完成☐
总结 提升			已完成☐ 未完成☐
质检 意见	原因：		已完成☐ 未完成☐

评价反馈

1）各组代表展示汇报 PPT，介绍任务的完成过程。

2）以小组为单位，对各组的操作过程与操作结果进行自评和互评，并将结果填入表 3-2-5 中的小组评价部分。

3）教师对学生工作过程与工作结果进行评价，并将评价结果填入表 3-2-5 中的教师评价部分。

表 3-2-5　综合评价表

班级		组别		姓名		学号	
实训任务							
评价项目		评价标准			分值		得分
小组评价	计划决策	制定的工作方案合理可行，小组成员分工明确			10		
	任务实施	能够正确检查并设置实训工位			5		
		能够准备和规范使用工具设备			5		
		能够正确识别转向系统的技术参数			20		
		能够正确标定线控转向系统			20		
		能够规范填写任务工单			10		
	任务达成	能按照工作方案操作，按计划完成工作任务			10		
	工作态度	认真严谨，积极主动，安全生产，文明施工			10		
	团队合作	小组组员积极配合，主动交流，协调工作			5		
	6S 管理	完成竣工检验，现场恢复			5		
		小计			100		

（续）

评价项目		评价标准	分值	得分
教师评价	实训纪律	不出现无故迟到、早退、旷课现象，不违反课堂纪律	10	
	方案实施	严格按照工作方案完成任务实施	20	
	团队协作	任务实施过程互相配合，协作度高	20	
	工作质量	能准确完成实训规定的任务	20	
	工作规范	操作规范，三不落地，无意外事故发生	10	
	汇报展示	能准确表达，总结到位，改进措施可行	20	
		小计	100	
综合评分		小组评价分×50%＋教师评价分×50%		
总结与反思				

（如：学习过程中遇到什么问题→如何解决的/解决不了的原因→心得体会）

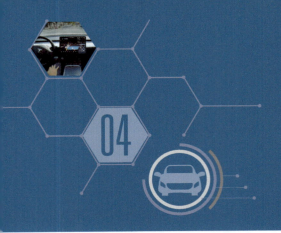

能力模块四
线控驱动系统调试

任务一 调研分析线控驱动系统

学习目标

知识目标

1）了解线控驱动系统的定义及特点。
2）掌握线控驱动系统的结构。
3）掌握线控驱动系统的工作原理。

技能目标

1）能够认知线控驱动系统的结构。
2）能够阐述线控驱动系统的工作原理。

素养目标

1）认真严谨，积极主动，安全生产，文明施工。
2）获得多途径检索知识、分析解决问题以及多元化思考解决问题的方法，形成创新意识。
3）严格执行各项规章制度及6S现场管理，培养精益求精的工匠精神。

知识索引

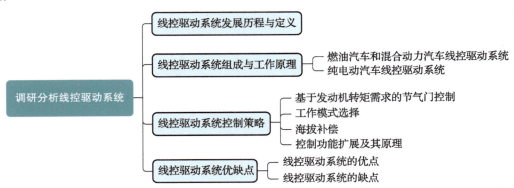

情境导入

博世(Bosch)公司 2016 年宣布研发出一种能够提供触觉反馈的智能加速踏板,它能够通过触觉反馈的方式(敲击、按压、振动)较好地适应于经验不足的驾驶员控制节气门,并且能够与汽车智能系统相连接,从而达到提高燃油效率和避免危险事故发生的目的。作为一名测试工程师,你将要向新入职的员工讲述线控驱动系统的结构、工作原理与发展趋势。

获取信息

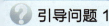

请查阅相关资料,简述线控驱动系统的定义。

_____
_____

线控驱动系统发展历程与定义

线控驱动系统(Drive by Wire,DBW)是智能网联汽车必要的关键技术,为智能网联汽车实现自主行驶提供了良好的硬件基础,也称为线控节气门或者电控节气门(Throttle by Wire)。

传统汽车上的节气门主要是通过拉杆或者节气门拉索直接控制发动机的节气门开度,属于机械节气门控制,如图 4-1-1 所示。

图 4-1-1 机械节气门控制

节气门是发动机进气总管上面的一个阀门,节气门开度决定了进气量的多少。节气门开度增大,进入气缸的空气流量增加,喷油量就会相应增加,发动机转速提高;反之,则发动机转速下降。这里我们称它为机械节气门,系统结构如图 4-1-2 所示。

传统驱动系统的这种控制方式简单粗暴,在机械参数设定好的情况下,加速踏板踩下多少,节气门就打开多少,响应速度非常快。但是,在日常驾驶时会遇到一些驾驶技术不熟练的驾驶员操作不当,或者有些驾驶风格过于激进的驾驶员,会将加速踏板突然踩到底,这时节气门突然打开,发动机进入最大负荷状态,全负荷会造成

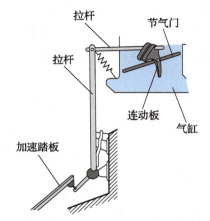

图 4-1-2 机械节气门系统结构

发动机燃烧不充分，喷油器也会加大喷油，造成燃油的浪费；同时由于发动机的负荷增大，缩短了发动机的使用寿命。

为了精确控制进气量，以获得最佳的空燃比，线控节气门就随之产生。它放弃了过去加速踏板使用钢丝绳或杠杆机构对发动机节气门阀片的机械连接，通过使用精确的传感器和电子控制电源，完成精确的节气门开度控制。线控节气门可保证发动机转矩控制和空燃比控制的精确性，有利于提高整车行驶的经济性、机动性、平稳性以及降低排放污染气体，具有优秀的怠速、加减速等工况过渡属性。

> **引导问题 2**
>
> 请查阅相关资料，简述电动汽车"单踏板"模式的工作原理。
>
> _____
>
> _____
>
> _____

线控驱动系统组成与工作原理

1. 燃油汽车和混合动力汽车线控驱动系统

燃油汽车和混合动力汽车线控驱动系统主要由加速踏板、踏板位置传感器、控制单元（ECU）、数据总线、伺服电动机和节气门执行机构组成。图 4-1-3 所示为燃油汽车和混合动力汽车线控驱动系统组成结构图。

加速踏板内部安装有位移传感器，可以随时监测加速踏板的位置。当监测到加速踏板高度位置发生变化，传感器会瞬间将此信息送往 ECU，ECU 对该信息和其他系统传来的数据信息（车速、车距、节气门开度、发动机转速等）进行运算处理，计算出一个控制信号，通过线路送到伺服电动机继电器，伺服电动机驱动节气门执行机构。数据总线则是负责系统 ECU 与其他 ECU 之间的通信。当节气门开度越大，ECU 计算的喷油量也就越大，发动机转速会上升。

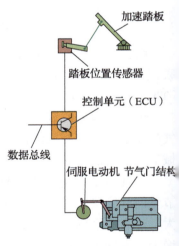

图 4-1-3　燃油汽车和混合动力汽车线控驱动系统组成

2. 纯电动汽车线控驱动系统

（1）纯电动汽车线控驱动系统的结构

纯电动汽车线控驱动系统在结构上主要分为动力电池、电池管理系统（BMS）、电机控制器、变速器、驱动电机以及加速踏板。

1）动力电池。随着电动汽车的种类不同，动力电池的作用略有差异。在仅装备动力电池的纯电动汽车中，动力电池是汽车驱动系统的唯一动力源；而在装备传统发动机（或燃料电池）与动力电池的混合动力汽车中，动力电池既可扮演汽车驱动系统主要动力源的角色，也可充当辅助动力源的角色。其中，在低速和起动时，动力电池扮演的是汽车驱动系统主要动力源的角色；在全负荷加速时，充当的是辅助动力源的角色；在正常行驶或减速、制动时充当的是储存能量的角色。

2）电池管理系统（BMS）。电池管理系统（BMS)在车辆充电时以及正常运行时工作，它需要准确可靠地完成对各单体电池的电流、电压、温度等状态进行实时检测和诊断。其目的主要是智能化管理及维护各个电池单体，防止电池出现过充电和过放电，延长电池的使用寿命，为新能源车辆的使用安全提供保障。

3）电机控制器。在纯电动汽车中，电机控制器的功能是根据档位、加速、制动等指令，将动力电池所存储的电能转化为驱动电机所需的电能，来控制电动车辆的起动运行、进退速度、爬坡力度等行驶状态；或者帮助电动车辆制动，并将部分制动能量存储到动力电池中。它是电动车辆的关键零部件之一。

4）变速器。汽车行驶中，为适应不同的工况，需要汽车的驱动力和车速在一定的范围内变化，而燃油汽车的发动机的转矩和速度变化范围无法达到这一要求，因而设置变速器。变速器位于离合器与中央传动轴之间，是变更传动比和运动方向的齿轮箱。其主要功用见表 4-1-1。在纯电动汽车上，可以不设置变速器，或设置两档变速器。

表 4-1-1　变速器功能表

功能	内容
换档	在驱动电机转速和转矩不变情况下，改变车辆的驱动力和行驶速度
换向	使车辆可以倒退行驶
空档	发动机可以不熄火停车

5）驱动电机。电源为电动汽车的驱动电机提供电能，驱动电机将电源的电能转化为机械能，通过传动装置或直接驱动车轮。

6）加速踏板。加速踏板的主要作用在燃油汽车上是控制发动机节气门的开度，从而控制发动机的动力输出；对于纯电动汽车而言，它只有电源系统作为动力系统，这时加速踏板控制的是驱动电机的转矩，它和整车控制器、电机控制器等一同实现车辆的加速。

（2）单踏板驾驶模式

很多厂商在电动汽车上使用线控加速踏板，并设置了制动能量回收功能，当驾驶员减小踏板力时，系统认为驾驶员具有减速的需求，这时候通过 ECU 发送指令，在没有踩踏制动踏板的情况下，车辆实现制动能量回收。这个功能在业界称为"单踏板（one pedal）"。

单踏板就是一种集成了加速和制动功能的踏板（图 4-1-4），以控制车辆的加、减速。其工作原理是：一旦松开加速踏板，再生制动系统就会介入工作，通过回收动能降低车速；它可以依靠单个踏板实现汽车的起

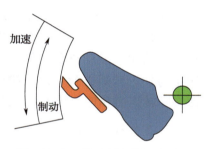

图 4-1-4　单踏板加速与制动功能示意图

步、加速、稳态、减速和停车全过程，并在减速过程中同时实现能量回收，改变了传统的加速、制动双踏板布置形式。

"单踏板"模式并不是只有一个踏板，其踏板系统由一个"主踏板"和一个"辅助减速踏板"组成，其中"主踏板"可以实现加减速能力，可以满足日常的大部分车辆操作。"辅助减速踏板"是"主踏板"制动减速度不能满足驾驶员意图时的紧急制动踏板。

目前采用"单踏板"的车型有宝马 i3（图 4-1-5）、雪佛兰 Bolt EV、特斯拉 Model X、长安 EV460、名爵 EZS 和日产 Leaf（图 4-1-6）等。

图 4-1-5 宝马 i3 "单踏板"

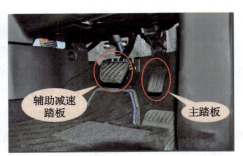
图 4-1-6 日产 Leaf "单踏板"

引导问题 3

请查阅相关资料，简述动力模式和雪地模式的功能。

_____

_____

_____

线控驱动系统控制策略

1. 基于发动机转矩需求的节气门控制

传统机械节气门的节气门开度完全取决于驾驶员的操作意图。线控节气门系统的节气门开度并不完全由加速踏板位置决定，而是控制单元根据当前行驶状况下整车对发动机的全部转矩需求，计算出节气门的最佳开度，从而控制电动机驱动节气门到达相应的开度。因此，节气门的实际开度并不完全与驾驶员的操作意图一致。

控制单元根据整车转矩需求获得所需的理论转矩，而实际转矩通过发动机转速、点火提前角和发动机负荷信号求得。在发动机转矩调节过程中，控制单元首先将实际转矩与理论转矩进行对比，如果两者有偏差，发动机电控系统将通过适当的调节作用使实际转矩值和理论转矩值一致。

2. 工作模式选择

根据不同的行车条件，驾驶员通过模式开关选择不同的工作模式，一般有正常模式、动力模式和雪地模式三种，三种模式的区别在于节气门对加速踏板的响应速度不同。各模式的功能见表 4-1-2。

表 4-1-2 各工作模式及其功能

模式	功能
正常模式	节气门对加速踏板的响应速度适合于大多数行驶工况
动力模式	节气门加快对加速踏板的响应速度，发动机能提供额外的动力
雪地模式	节气门对加速踏板的响应降低，发动机输出的转矩比正常情况下小，使车轮不易打滑，保持车辆稳定行驶

3. 海拔补偿

在海拔较高的地区，大气压下降，空气稀薄，氧气含量下降，会导致发动机输出动力下降。此时线控驱动系统可按照大气压强和海拔的函数关系对节气门开度进行补偿，保证发动机输出动力和加速踏板位置的关系保持稳定。

4. 控制功能扩展及其原理

早期的线控节气门功能比较简单，在形式上采用一个机械式的主节气门串联一个线控的辅助节气门，往往只能实现某单一的功能。现代线控节气门则独立成一个系统，可实现多种控制功能，既提高行驶可靠性，又使结构简化、成本降低。其主要控制功能见表 4-1-3。

表 4-1-3 主要控制功能

功能	内容
牵引力控制（ASR）	牵引力控制系统又称驱动防滑系统，它的作用是当汽车加速时将滑移率控制在一定的范围内，从而防止驱动轮快速滑动
巡航控制（CCS）	巡航控制系统又称为速度控制系统，它是一种减轻驾驶员疲劳的装置。当驾驶员开启该系统时，车速将被固定下来，驾驶员不必长时间踩踏加速踏板
怠速控制（ISC）	线控节气门系统取消了怠速调节阀，而是直接由控制单元调节节气门开度来实现车辆的怠速控制
减少换档冲击控制	根据当前车速、节气门开度以及发动机转速等信号，控制单元选择合适的传动比，实现自动换档

引导问题 4

请查阅相关资料，简述线控驱动系统的优缺点。

_____
_____
_____

线控驱动系统优缺点

与传统驱动系统比较，线控驱动系统明显的特点是可以用线束（导线）来代替拉索或者拉杆，并用微型电动机来驱动节气门开度，即所谓的"导线驾驶"，用导线代替了原来的机械传动机构。从表面看是用电缆取代了传统的节气门拉索，但实质上不是仅简单地改变连接方式，而是能对整个车辆的动力输出实现自动控制。

1. 线控驱动系统的优点

1）舒适性和经济性好。线控驱动系统中，节气门可根据驾驶员踩下踏板的动作幅度判断驾驶员意图，综合车况精确合理控制节气门开度，以实现不同负荷和工况下发动机的空燃比都能接近于最佳理论状态 14.7∶1，使燃油经济性和驾驶舒适性同时达到最佳状态。

2）稳定性高且不易熄火。线控驱动系统中，节气门系统在收到踏板信号后会进行分析判断再给节气门执行机构发送合适指令，保证车辆稳定行驶。

2. 线控驱动系统的缺点

1）工作原理相对较为复杂，成本提高。线控节气门在硬件上需要添加加速踏板位置位移传感器、伺服电动机、驱动器和执行机构，并且增加 ECU 接线；在软件上，需要开发能分析位置传感器信号且能综合车况给出最优控制指令的算法，并且集成在车载 ECU 上，增加开发成本。

2）有延迟效果。驾驶员不能直接控制节气门开度也就无法直接控制发动机动力大小，而是需要经由 ECU 分析给出汽车舒适性较好、较为省油的节气门控制指令，所以相对于直接控制式的机械节气门会有稍许延迟感。

3）可靠性不如机械节气门好。汽车行驶中会遇到各种路况，并且汽车内部存在高频电磁干扰（如电动机和点火线圈会产生电磁干扰），电子器件可能会在这些工况下发生故障或松动；复杂的分析处理算法也可能会导致程序跑飞等故障情况出现，而驾驶员又无法直接控制发动机的动力大小，一旦这种情况发生将产生不可预知的后果。

任务分组

学生任务分配表见表 4-1-4。

表 4-1-4　学生任务分配表

班级		组号		指导教师	
组长		学号			
组员角色分配					
信息员		学号			
操作员		学号			
记录员		学号			
安全员		学号			
任务分工					
（就组织讨论、工具准备、数据采集、数据记录、安全监督、成果展示等工作内容进行任务分工）					

工作计划

按照前面所了解的知识内容和小组内部讨论的结果,制定工作方案,落实各项工作负责人,包括任务实施前的准备工作、实施中主要操作及协助支持工作、实施过程中相关要点及数据的记录工作等(表 4-1-5)。

表 4-1-5　工作计划表

步骤	工作内容	负责人
1		
2		
3		
4		
5		
6		
7		
8		

进行决策

1)各组派代表阐述资料查询结果。
2)各组就各自的查询结果进行交流,并分享技巧。
3)教师对各组的计划方案进行点评。
4)各组长对组内成员进行任务分工,教师确认分工是否合理。

任务实施

引导问题 5

扫描二维码观看视频,了解如何通过 CAN 报文控制线控驱动系统,并简述操作要点。

_____

_____

线控驱动系统 CAN 通信实训

参考操作视频,按照规范作业要求完成操作步骤,完成数据采集并记录(表 4-1-6~表 4-1-8)。

表 4-1-6　实训准备

序号	设备及工具名称	数量	设备及工具是否完好
1	底盘线控系统测试装调实验实训台	1 台	□是　□否
质检意见	原因:		□是　□否

表4-1-7 识别线控驱动系统的结构

序号	步骤	记录	完成情况
1	线控驱动系统的主要组成部分有电子加速踏板、电机控制器、驱动电机。电子加速踏板用于识别驾驶员的加速意图，该电信号被电机控制器采集，电机控制器识别出驾驶员加速意图后向驱动电机发出指令驱动车辆加速		已完成□ 未完成□
2	台架采用永磁同步电机，配备有温度传感器和旋变传感器		已完成□ 未完成□
3	电机控制器的作用是控制电动车辆的起动运行、进退速度、爬坡力度等行驶状态，或者将帮助电动车辆制动，并将部分制动能量存储到动力电池中		已完成□ 未完成□
4	变速器和驱动轴的作用是改变传动比，满足不同行驶条件对牵引力的需要，使发动机尽量工作在有利的工况下，满足可能的行驶速度要求；实现倒车行驶，用来满足汽车倒退行驶的需要；中断动力传递，在发动机起动、怠速运转、汽车换档或需要停车进行动力输出时，中断向驱动轮的动力传递		已完成□ 未完成□

（续）

序号	步骤	记录	完成情况
5	加速踏板总成的作用是接收驾驶员的加速意图，并将接收到的信号传递给 ECU 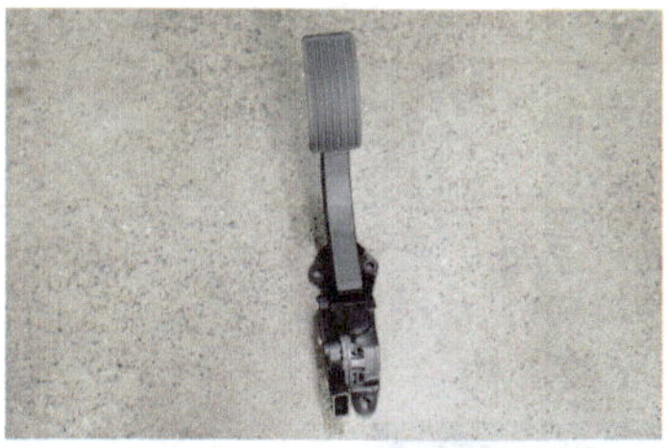		已完成□ 未完成□
6	档位控制操作面板：可以选择手动和自动模式，手动模式下，需要踩下制动踏板，再选择将档位挂入到 D 位、R 位或者 P 位。 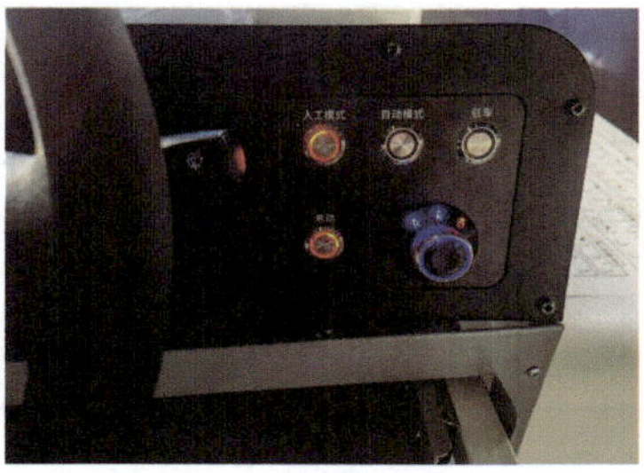		已完成□ 未完成□
总结提升			已完成□ 未完成□
质检意见	原因：		已完成□ 未完成□

表 4-1-8　线控驱动系统 CAN 信号解析

序号	步骤	记录	完成情况
1	驱动车辆车速的目标值，CAN 通信物理值范围为 0~8m/s（13 速比、420cm 车轮直径最高车速为 5m/s），目标车速由车速精度（0.04m/s/bit）决定。驱动车辆的目标车速 =0.04 × 总线信号。Byte1 代表当前线控驱动系统状态信息，起始位为 0，信号长度为 1，所以 Byte1 为 01		已完成□ 未完成□

名称	驱动控制				
发送节点	接收结点	帧ID	波特率	帧格式	帧类型
决策控制单元	底盘节点	0x18C4D3D0	500K	数据帧	扩展帧
报文长度	8字节				
起始字节	功能	起始位	信号长度	说明	
byte1	驱动线控使能	0	1	0=disable 1=enable	
byte2	驱动车辆车速目标值	8	8	0.04m/s/bit； 单位 m/s；	
byte3	保留				
byte4	保留				
byte5	保留				
byte6	保留				
byte7	心跳信号	52	4	每发一帧，数值加1	
byte8	消息校验	56	8	校验位	

（续）

序号	步骤	记录	完成情况
2	给定 5m/s 的目标车速，则总线信号为：总线信号 = 5/0.04=125，装换成 16 进制为 "0X7D"，7 代表的数量级最大，为高位，放在该字节的高位		已完成□ 未完成□
3	根据后面字节所代表的含义，最终得到的下发指令为："01 7D 00 00 00 00 00 00"		已完成□ 未完成□
4	启动设备，选择自动模式，进入电子电气系统，选择 VCU 控制实操，打开 CAN 设备，选择扩展帧，发送指令 "01 04 00 00 00 00 00 00"，将档位调至前进档		已完成□ 未完成□
5	进入线控驱动系统中的线控驱动控制，将计算好的下发指令输入到正确位置		已完成□ 未完成□
6	单击下发指令，打开数据流，验证车速是否为 5m/s		已完成□ 未完成□
总结提升			已完成□ 未完成□
质检意见	原因：		已完成□ 未完成□

评价反馈

1）各组代表展示汇报 PPT，介绍任务的完成过程。

2）以小组为单位，对各组的操作过程与操作结果进行自评和互评，并将结果填入表 4-1-9 中的小组评价部分。

3）教师对学生工作过程与工作结果进行评价，并将评价结果填入表 4-1-9 中的教师评价部分。

表 4-1-9　综合评价表

班级		组别		姓名		学号	
实训任务							
评价项目		评价标准			分值		得分
小组评价	计划决策	制定的工作方案合理可行，小组成员分工明确			10		
	任务实施	能够正确检查并设置实训工位			5		
		能够准备和规范使用工具设备			5		
		能够正确认知线控驱动系统的结构			20		
		能够正确阐述线控驱动系统的工作原理			20		
		能够规范填写任务工单			10		

（续）

	评价项目	评价标准	分值	得分
小组评价	任务达成	能按照工作方案操作，按计划完成工作任务	10	
	工作态度	认真严谨，积极主动，安全生产，文明施工	10	
	团队合作	小组组员积极配合，主动交流，协调工作	5	
	6S 管理	完成竣工检验，现场恢复	5	
		小计	100	
教师评价	实训纪律	不出现无故迟到、早退、旷课现象，不违反课堂纪律	10	
	方案实施	严格按照工作方案完成任务实施	20	
	团队协作	任务实施过程互相配合，协作度高	20	
	工作质量	能准确完成实训规定的任务	20	
	工作规范	操作规范，三不落地，无意外事故发生	10	
	汇报展示	能准确表达，总结到位，改进措施可行	20	
		小计	100	
综合评分		小组评价分 ×50% ＋教师评价分 ×50%		
总结与反思				

（如：学习过程中遇到什么问题→如何解决的/解决不了的原因→心得体会）

任务二 标定测试线控驱动系统

学习目标

知识目标
1）了解线控驱动系统的标定意义。
2）掌握线控驱动系统的标定方法。
3）掌握线控驱动系统的标定过程。

技能目标
1）能够识别驱动系统的技术参数。
2）能够对线控驱动系统进行标定。

素养目标
1）认真严谨，积极主动，安全生产，文明施工。
2）获得多途径检索知识、分析解决问题以及多元化思考解决问题的方法，形成创新意识。
3）严格执行各项规章制度及 6S 现场管理，培养精益求精的工匠精神。

知识索引

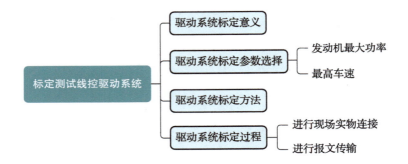

情境导入

很多消费者在购买汽车时，会先被亮丽的外观所吸引，进而观察一下内饰做工，了解发动机排量、电机功率相关数据等。汽车动力系统作为汽车的心脏，很多人对相关参数要求很高，甚至进行汽车改装或发动机改装，最大限度增强发挥发动机本身的强劲动力。作为一名测试工程师，你将向新入职员工讲述线控驱动系统的参数是如何测量及标定的。

获取信息

引导问题 1

请查阅相关资料,简述驱动系统的标定意义。

_____
_____
_____

竞赛指南 在 2022 年全国职业院校技能大赛的汽车技术赛项里的智能网联汽车技术模块中,就要求参赛选手对线控底盘进行包括 CAN 数据的读取和解析、速度与转向等参数的数据发送、控制执行机构相关参数的读取与调测等一系列操作。

驱动系统标定意义

驱动系统为车辆提供动力来源,将发动机/驱动电机发出的动力传送给汽车上的驱动车轮,从而产生驱动力,让汽车能够正常行驶。在电动汽车中,档位、加速踏板行程、制动踏板行程等反映驾驶员意愿的信息通过 CAN 总线输送给整车控制器,整车控制器向驱动电机发出控制指令,驱动电机控制器调整电压、电流并根据驱动电机的转子位置控制驱动电机驱动汽车行驶。对驱动系统的标定能够更好地掌握车辆的动力,以及更好地操控车辆。

引导问题 2

请查阅相关资料,简述最高车速的定义。

_____
_____
_____

驱动系统标定参数选择

1. 发动机最大功率

发动机最大功率是用来描述汽车的动力性能的参数,是指一台发动机所能实现的最大动力输出。汽车发动机如图 4-2-1 所示。

功率是表示物体做功快慢的物理量,汽车功率是指汽车在单位时间内所做的功。随着发动机转速的增加,发动机的功率也相应提高。到达一定转速后,功率就不会再增

图 4-2-1 汽车发动机

加了，而会呈下降趋势，所以最大功率的标定会同时标注相应的发动机转速。

2. 最高车速

最高车速是指在水平良好的路面（混凝土或沥青）上汽车能达到的最高行驶速度，是汽车在平坦路面无风条件下，行驶阻力和驱动力平衡时的速度。它是汽车动力性的三个评价指标之一。

影响汽车最高车速的因素比较多，比如汽车发动机的最大功率、最大转矩以及最大转矩时的转速、传动系的传动比、行驶阻力等。最高车速是在平坦无风路面上、加速度为零时求得的。

> **引导问题 3**
>
> 请查阅相关资料，简述驱动系统标定方法。
> _____
> _____
> _____

驱动系统标定方法

驱动系统标定原理连接图如图 4-2-2 所示，除此之外其他内容可参考能力模块三任务二中的内容。这里不再做具体说明。

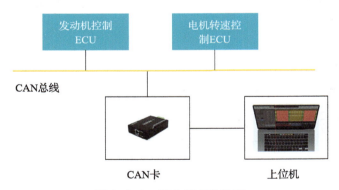

图 4-2-2　标定原理连接图

> **引导问题 4**
>
> 请查阅相关资料，简述线控驱动系统的标定过程。
> _____
> _____
> _____

竞赛指南：在2022年全国职业院校技能大赛的汽车技术赛项里的智能网联汽车技术模块中，要求参赛选手对线控底盘进行车辆驱动检查。

驱动系统标定过程

1. 进行现场实物连接

进行实物连接，使用上位机PC端连接CAN卡，通过CAN卡连接到车辆的驱动系统ECU端，如图4-2-3所示。

图4-2-3 现场实物连接图

2. 进行报文传输

1）首先运用上位机PC端通过CAN总线发送请求标定报文。其中PID位为发动机最大功率标定标识符，后面数据位为驱动系统ECU地址，通过上位机PC端发送请求标定报文，如图4-2-4所示。

图4-2-4 发送请求标定报文

2）等待驱动系统ECU反馈报文给上位机PC端示意发送成功。

3）上位机PC端向驱动系统ECU发送包含发动机最大输出功率标定变量的字节数和数值，如图4-2-5所示。

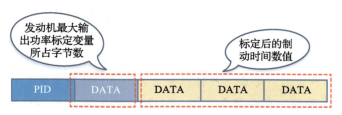

图4-2-5 发送发动机最大输出功率标定变量

4）重复以上步骤，进行多次标定，通过筛选数据得到更准确的标定值。

拓展阅读

　　汽车工业是在许多相关联的工业和有关技术的基础上发展起来的综合性产业，每一辆汽车上都有数千个不同的部件，从毛坯加工到整车装配，需要采用各类加工技术。因此，汽车工业也被称为"工业中的工业"，我们会通过一个国家汽车工业的强盛与否判断其整体工业水平。

　　从新中国成立之初的"一辆汽车都不能造"到2023年突破3000万辆，我国的汽车工业经历了怎样跌宕起伏的发展历程？不妨从轻型汽车方面入手，了解一下我国汽车产业发展的过程。

　　轻型汽车一般是指载重1~3t的载货汽车，以及以其底盘为基础延伸发展起来的乘用车。由于其轻便灵活、经济适用、易于维修和改装，因此深受用户欢迎。改革开放以来，我国经济日趋活跃，成千上万的中小企业和个体工商户要在城市之间运送产品调剂需求，大量的农民要将自己的产品从农村拉到城里，这时他们就需要一辆轻型汽车，既可拉人，又可载货。

　　20世纪60年代的北京尚未实现集中供暖，每到冬天，各个胡同、街巷里的居民都要买进大量的煤炭堆在自家院子里烧火、做饭、取暖，还要购买大白菜储存过冬。这些胡同街巷有几百年的历史，道路狭窄，载重4t的解放牌载货车开不进去，就算挤进去了，拐弯和倒车又成了大问题，若是用马车运送，又会造成环境污染。既要解决物资运输问题，又要解决环境卫生问题，那就需要一种小一点的车。

　　1965年11月，根据市委市政府关于制造轻型汽车的决定，北京市交通局成立了领导小组，提出新研制的轻型载货汽车要贯彻"好看、好用、好造、好修"的原则。在参考上海正在试制的SH120 1.5t轻型车和日本丰田公司的DYNA1900的基础上，北京第二汽车制造厂（以下简称"北二汽"）确定了自主研制的轻型载货车的基本指标：载重2t，平头驾驶室，小轮胎低重心，适宜进入胡同街巷；发动机采用北京汽车制造厂研制的BJ212的492Q汽油机，变速器采用东德IFAC32，车架采用与丰田1900型相同的结构；型号为BJ130。除了技术指标外，为做到好看，北二汽请来中央美术学院郑柯教授指导造型，郑教授共画出90多张造型图供厂里选择，然后按照选定图形做出石膏模型，钣金师傅按照石膏模型敲出车身。1966年4月28日下午，两台样车试制出来。看到式样新颖、小巧漂亮的样车，试制组的人员心情激动、跃跃欲试，几个人当夜就把车开到八达岭的山路上转了一圈。到1967年6月，北二汽共试制出20辆样车。

　　在一机部汽车局协调下，北二汽做了大量的调研，选定一批具备生产能力的工厂，并与之形成协作配套关系，边生产、边改造、边完善。至1972年，北二汽与全国60多家工厂形成生产协作关系，外协、外购零部件约占整车成本的70%。依靠技术改造，充分整合资源，BJ130轻型货车初步形成专业化批量生产协作系统，1973年共生产2350辆，实现了小批量生产，并于1975年5月20日完成产品定型验收。

从1974年起，北二汽开始持续不断地进行技术改造和扩改建生产车间、生产线，先后建成了冲压、驾驶室焊装、油漆、车架、前后桥、转向器、变速器、总装等24条生产线，为实现均衡生产打下基础。截至1978年，北二汽厂完成了底盘、总装、车身冲压车间的扩建改造，产品质量进一步稳定，实现了年产汽车7000辆，成为继南京汽车厂之后的第二个轻型车生产基地。1978年3月，经过改进的BJ130A长货箱轻型货车荣获全国科技大会奖。

从BJ130的故事中，我们不难看出这样一个道理：汽车工业的发展，离不开人民的需求。正是因为当时的人们需要一种既能载货又能载人，还能在狭窄道路条件行驶的车辆，BJ130这样的轻型汽车才能大获成功。线控底盘技术的发展也遵循这样的道理，大家对无人驾驶技术和底盘系统快速反应的需求推进了线控底盘技术的发展，线控底盘技术的发展又将反哺整个汽车工业，进而有益于每个从业者的个人发展。

任务分组

学生任务分配表见表4-2-1。

表4-2-1 学生任务分配表

班级		组号		指导教师	
组长		学号			
组员角色分配					
信息员		学号			
操作员		学号			
记录员		学号			
安全员		学号			
任务分工					
（就组织讨论、工具准备、数据采集、数据记录、安全监督、成果展示等工作内容进行任务分工）					

工作计划

按照前面所了解的知识内容和小组内部讨论的结果，制定工作方案，落实各项工作负责人，包括任务实施前的准备工作、实施中主要操作及协助支持工作、实施过程中相关要点及数据的记录工作等（表4-2-2）。

表 4-2-2　工作计划表

步骤	工作内容	负责人
1		
2		
3		
4		
5		
6		
7		
8		

进行决策

1）各组派代表阐述资料查询结果。
2）各组就各自的查询结果进行交流，并分享技巧。
3）教师对各组的计划方案进行点评。
4）各组长对组内成员进行任务分工，教师确认分工是否合理。

任务实施

引导问题 5

扫描二维码观看视频，了解如何进行线控驱动系统的标定，并简述操作要点。
_____

线控驱动系统标定

参考操作视频，按照规范作业要求完成操作步骤，完成数据采集并记录（表 4-2-3、表 4-2-4）。

表 4-2-3　实训准备

序号	设备及工具名称	数量	设备及工具是否完好
1	底盘线控系统测试装调实验实训台	1 台	□是　□否
2	键盘	1 个	□是　□否
3	鼠标	1 个	□是　□否
质检意见	原因：		□是　□否

表 4-2-4 线控驱动系统的标定

序号	步骤	记录	完成情况
1	底盘线控测试系统由六大部分组成，从左至右分别是安全注意事项、线控制动模块、车身电子电气模块、线控转向模块、线控驱动模块和驾驶体验模式		已完成□ 未完成□
2	启动电源按钮，底盘线控系统测试装调实验实训台通电		已完成□ 未完成□
3	进入线控驱动模块，有驱动结构认知、线控驱动控制、速度标定、能量回收占空比调试和燃油车怠速起动模拟五个部分，单击进入速度标定		已完成□ 未完成□
4	选择 D 位标定，打开"CAN 设备"，使底盘线控系统测试装调实验实训台中的线控驱动系统与底盘线控测试系统进行通信		已完成□ 未完成□
5	"帧类型"选择扩展帧；选择自动标定，注意此时档位要选择自动档		已完成□ 未完成□
6	单击"开始"，速度开始自动标定		已完成□ 未完成□
7	界面中"编写命令"为输入命令来达到速度值，与下发值匹配；回收值达不到下发值应有的状态，可以通过修正值进行补偿。方法如下： 1）编写命令"01 19 00 00 00 00 00 00"，下发请求值为 1.00m/s，此时，回收值为 0.96m/s，修正值为 1a=26×0.04=1.04=>1.00（根据 16 进制换算，1a=1×16+10=26，0.04 为换算系数），可以实现下发值请求期望的状态 2）编写命令"01 32 00 00 00 00 00 00"，下发值为 2.00m/s，此时，回收值为 1.96m/s，因此，修正值为 33=51×0.04=2.04=>2.00（根据 16 进制换算，33=3×16+3=51，0.04 为驱动车辆车速目标值），可以实现下发值的状态 3）编写命令"01 4b 00 00 00 00 00 00"，下发值为 3.00m/s，此时，回收值为 3.00m/s，因此，修正值为 4b=75×0.04=3.00=>3.00（根据 16 进制换算，4b=4×16+11=75，0.04 为驱动车辆车速目标值），可以实现下发值的状态 4）编写命令"01 64 00 00 00 00 00 00"，下发值为 4.00m/s，此时，回收值为 4.04m/s，因此，修正值为 63=99×0.04=3.96=>4.00（根据 16 进制换算，63=6×16+3=99，0.04 为驱动车辆车速目标值），可以实现下发值的状态		已完成□ 未完成□

（续）

序号	步骤	记录	完成情况
7	5）编写命令"01 7d 00 00 00 00 00 00"，下发值为5.00m/s，此时，回收值为5.08m/s，因此，修正值为7c=124×0.04=4.96=>5.00（根据16进制换算，7c=7×16+12=124，0.04为驱动车辆车速目标值），可以实现下发值的状态 6）编写命令"01 96 00 00 00 00 00 00"，下发值为6.00m/s，此时，回收值为6.08m/s，因此，修正值为95=149×0.04=5.96=>6.00（根据16进制换算，95=9×16+5=149，0.04为驱动车辆车速目标值），可以实现下发值的状态 7）编写命令"01 a5 00 00 00 00 00 00"，下发值为6.60m/s，此时，回收值为6.76m/s，因此，修正值为a4=164×0.04=6.56=>6.60（根据16进制换算，a4=10×16+4=164，0.04为驱动车辆车速目标值），可以实现下发值的状态 8）编写命令"01 af 00 00 00 00 00 00"，下发值为7.00m/s，此时，回收值为7.16m/s，因此，修正值为ad=173×0.04=6.92=>7.00（根据16进制换算，ad=10×16+13=173，0.04为驱动车辆车速目标值），可以实现下发值的状态 9）编写命令"01 b9 00 00 00 00 00 00"，下发值为7.60m/s，此时，回收值为7.52m/s，因此，修正值为b7=183×0.04=7.32=>7.60（根据16进制换算，b7=11×16+7=183，0.04为驱动车辆车速目标值），可以实现下发值的状态 10）编写命令"01 be 00 00 00 00 00 00"，下发值为7.60m/s，此时，回收值为7.76m/s，因此，修正值为bc=188×0.04=7.52=>7.60（根据16进制换算，bc=11×16+12=188，0.04为驱动车辆车速目标值），可以实现下发值的状态		已完成□ 未完成□
8	标定完成，出现"标定成功"提示界面，单击"确定"，保存当前标定后的数据，单击"确定"，保存完成		已完成□ 未完成□
总结提升			已完成□ 未完成□
质检意见	原因：		已完成□ 未完成□

评价反馈

1）各组代表展示汇报PPT，介绍任务的完成过程。

2）以小组为单位，对各组的操作过程与操作结果进行自评和互评，并将结果填入表4-2-5中的小组评价部分。

3）教师对学生工作过程与工作结果进行评价，并将评价结果填入表4-2-5中的教师评价部分。

表 4-2-5　综合评价表

班级		组别		姓名		学号	
实训任务							
评价项目		评价标准				分值	得分
小组评价	计划决策	制定的工作方案合理可行，小组成员分工明确				10	
	任务实施	能够正确检查并设置实训工位				5	
		能够准备和规范使用工具设备				5	
		能够正确识别驱动系统的技术参数				20	
		能够正确标定线控驱动系统				20	
		能够规范填写任务工单				10	
	任务达成	能按照工作方案操作，按计划完成工作任务				10	
	工作态度	认真严谨，积极主动，安全生产，文明施工				10	
	团队合作	小组组员积极配合，主动交流，协调工作				5	
	6S 管理	完成竣工检验，现场恢复				5	
		小计				100	
教师评价	实训纪律	不出现无故迟到、早退、旷课现象，不违反课堂纪律				10	
	方案实施	严格按照工作方案完成任务实施				20	
	团队协作	任务实施过程互相配合，协作度高				20	
	工作质量	能准确完成实训规定的任务				20	
	工作规范	操作规范，三不落地，无意外事故发生				10	
	汇报展示	能准确表达，总结到位，改进措施可行				20	
		小计				100	
综合评分		小组评价分 ×50% ＋教师评价分 ×50%					
总结与反思							

（如：学习过程中遇到什么问题→如何解决的/解决不了的原因→心得体会）

能力模块五 线控制动系统调试

任务一 调研分析线控制动系统

学习目标

知识目标

1) 了解线控制动系统的定义及特点。
2) 掌握线控制动系统的结构。
3) 掌握线控制动系统的工作原理。

技能目标

1) 能够认知线控制动系统的结构。
2) 能够阐述线控制动系统的工作原理。

素养目标

1) 认真严谨,积极主动,安全生产,文明施工。
2) 获得多途径检索知识、分析解决问题以及多元化思考解决问题的方法,形成创新意识。
3) 严格执行各项规章制度及 6S 现场管理,培养精益求精的工匠精神。

知识索引

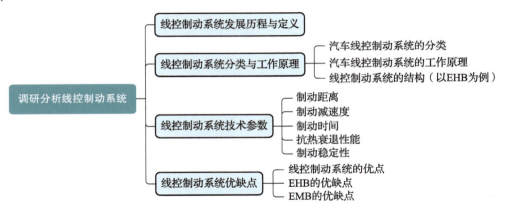

情境导入

2000 年 12 月，德国大陆（Continental）集团证明，一辆以 100km/h 速度行驶的紧凑型轿车，在 30m 的距离内停下来是可能的，而当时采用传统制动系统的车辆最好的成绩是 37~42m。2001 年秋，一辆概念车在接近现实的情况下试验获得了成功，它应用了多种当时正处于研发阶段的技术，比如线控制动技术中的电子液压制动系统 EHB（Electro-Hydraulic Brake）。随着技术的进步，线控制动技术正在引领汽车线控技术的发展，率先大批量多车型应用于新能源汽车领域。作为一名测试工程师，你将向新入职的员工讲述线控制动系统的结构、工作原理与发展趋势。

获取信息

引导问题 1

请查阅相关资料，简述线控制动系统的定义。

_____
_____
_____

线控制动系统发展历程与定义

汽车制动技术的发展历程主要为摩擦片制动、鼓式及盘式制动、机械及电子 ABS 制动，以及线控制动系统（Brake by Wire，BBW）。

汽车线控制动技术作为一种新型的制动技术，能够将驾驶员的操作转变为电信号，并通过传感器、电缆等设施，将信号直接传送给执行机构，最终实施操作。在系统结构上，制动踏板只是连接一个制动踏板模拟器，踏板与制动系统之间没有任何刚性连接或液压连接。线控制动系统如图 5-1-1 所示。

汽车线控系统最早出现于 20 世纪 90 年代末，这一系统结合了机械电子技术和网络信息技术，它的应用推动了汽车全自动化水平的提升。此后多家公司对线控制动技术进行了研究，各公司的线控制动系统产品，见表 5-1-1。

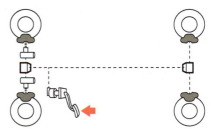

图 5-1-1 线控制动系统示意图

表 5-1-1 线控制动系统产品情况

年份	公司	产品	应用车型
1997	爱德克斯	ECB	丰田 Prius

（续）

年份	公司	产品	应用车型
2001	博世	SBC	奔驰 CLS 跑车、SL 跑车和 E 级车
2009	天合	SBC	福特 Fusion 和 Mercury Milan
2013	博世	iBooster	特斯拉全系
2014	布雷博	Brembo BBW	F1 赛车
2016	大陆集团	MK C1	阿尔法·罗密欧 Giulia

其中，2013 年德国博世公司成功开发出 iBooster 系统，集成多种主动安全配置，提升了车辆安全性，是目前市场占有率最高的线控制动产品。图 5-1-2a 是第 1 代产品，完成度不高，在国内也没有使用；图 5-1-2b 是第 2 代产品，体积大幅度缩小，控制精度也有所提高。

德国大陆集团的电子液压制动系统 MK C1，可实现 100% 的制动能量回收，2016 年，在其法兰克福工厂实现量产，主要面向欧洲市场；2019 年，在美国北卡罗来纳州的 Morganton 工厂量产，为美国市场供货；2020 年，在上海工厂生产，这也彰显了大陆集团在中国的本地化生产策略。大陆集团的线控制动系统 MK C1 如图 5-1-3 所示。

a）第1代产品　　　　b）第2代产品

图 5-1-2　博世公司的线控制动产品 iBooster　　图 5-1-3　大陆集团的线控制动系统 MK C1

引导问题 2

请查阅相关资料，简述线控制动系统的工作原理。
_____
_____
_____

线控制动系统分类与工作原理

1. 汽车线控制动系统的分类

线控制动系统目前分为两种类型，一种为电子液压制动系统（Electro-Hydraulic Brake，EHB），另一种为电子机械制动系统（Electro-Mechanical Brake，EMB），如

图 5-1-4 所示。

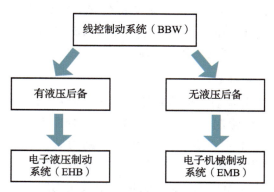

图 5-1-4　线控制动系统的类型

EHB 是将电子与液压系统相结合所形成多用途、多形式的制动系统，它由电子系统提供柔性控制，液压系统提供动力。EMB 则将传统制动系统中的液压油或空气等传力介质完全由电传动取代，是制动控制系统的发展方向。

2. 汽车线控制动系统的工作原理

线控制动系统用一个模拟发生器替代原有的制动踏板，通过该踏板模拟器接收驾驶员的制动意图，产生制动电控信号并传递给控制系统和执行机构，再根据一定的算法模拟踩踏感觉反馈给驾驶员。线控制动系统基本工作原理如图 5-1-5 所示。

EHB 和 EMB 在传力路径上有很大的区别，其工作原理以及特性也有所不同。

（1）电子液压制动系统（EHB）

1）组成。典型的 EHB 系统由制动踏板传感器、电子控制单元（ECU）、执行器机构（备用阀、液压泵、制动器）等组成。EHB 的系统组成如图 5-1-6 所示。

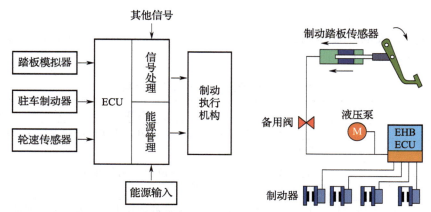

图 5-1-5　线控制动系统的基本工作原理　　图 5-1-6　EHB 的系统组成

2）工作原理。正常工作时，制动踏板与制动器之间的液压连接断开，备用阀处于关闭状态。电子踏板配有踏板感觉模拟器和电子传感器，ECU 可以通过传感器信号判断驾驶员的制动意图，并通过电动机驱动液压泵进行制动。

电子系统发生故障时，备用阀打开，EHB 系统变为传统的液压系统。备用系统增加了制动系统的安全性，使车辆在线控制动系统失效时还可以进行制动，但是由于备用系统中仍然包含复杂的制动液传输管路，使得 EHB 并不完全包含线控制动系统产品的优点。EHB 系统也因此被视为 BBW 系统的先期产品。

（2）电子机械制动系统（EMB）

1）组成。EMB 系统由制动踏板传感器、电子控制单元（ECU）、执行器机构（车轮制动模块）组成。在 EMB 系统中，所有的液压装置，包括主缸、液压管路、助力装置等均被电子机械系统替代，液压盘和鼓式制动器的调节器也被电动机驱动装置取代。所以 EMB 系统是名副其实的线控制动系统。EMB 的系统组成如图 5-1-7 所示。

2）工作原理。EMB 系统的主控制器 ECU 通过接收踏板位移传感器的位移信号，以及整车其他 ECU 发出的车速信号，分析后再控制四个独立的控制器向对应的电动机发出制动信号，电动机通过减速机构将电动机转矩转化为所需的制动力，进行制动。

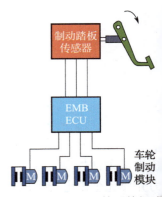

图 5-1-7　EMB 的系统组成

3. 线控制动系统的结构（以 EHB 为例）

与传统制动系统相比，汽车线控制动系统降低了部件的复杂性，减少了杠杆、轴承等连接件。以 EHB 为例，其在结构上主要分为制动踏板、制动主缸总成、制动油管、制动钳与制动盘。

（1）制动踏板

制动踏板就是限制动力的踏板，即行车制动器的踏板。制动踏板用于减速停车。

（2）制动主缸总成

制动主缸总成的主要作用是推动制动液（或气体）传输至各个制动轮缸中推动活塞。其工作过程见表 5-1-2。

表 5-1-2　制动主缸总成工作过程

工况	内容
制动踏板被踩下	制动主缸活塞前移，旁通孔关闭，活塞前面建立油压，然后通过管路将油压输送到制动轮缸
制动踏板被松开	制动主缸活塞在油压和回位弹簧的作用下回位，制动系统压力下降，多余的油回到储液罐
两脚制动（第一脚制动力不足，补踩一脚）	两脚制动时，储液罐的油从补偿孔进到活塞前面，使活塞前面的油增多，然后制动时制动力增加

（3）制动油管

制动油管的作用是将从主缸取得的制动液传递到各个车轮制动器。管路泄漏会使得制动系统出现故障，因此，制动管路是系统中相当重要的部件，必须注意检查和维护。

（4）制动钳与制动盘

制动钳与制动盘是产生制动力矩、用以阻碍车辆运动或运动趋势的部件。在车辆行进时，制动盘也是转动的，制动卡钳夹住制动盘可以产生制动力。踩制动踏板时制动卡钳夹住制动盘起到减速或者停车的作用。

引导问题 3

请查阅相关资料，简述线控制动系统的技术参数有哪些。

_____
_____
_____

线控制动系统技术参数

1. 制动距离

制动距离是衡量汽车制动性能的重要参数之一，它指的是车辆处于某一时速的情况下，从开始制动到完全静止所驶过的路程。我国对汽车（空载时）制动距离的要求见表 5-1-3。

表 5-1-3 汽车空载时对制动距离的要求

车型	初速度	参考距离
不超过 9 座的载客汽车	50km/h	≤19m
其他总质量不超过 4.5t 的汽车	50km/h	≤21m
其他汽车，汽车列车	30km/h	≤9m

2. 制动减速度

制动减速度反映了地面制动力，因此它与制动器制动力（车轮滚动时）及附着力（车轮抱死拖滑时）有关。由于各种汽车动力性不同，对制动效能的要求也就不同：一般轿车、轻型货车的行驶速度高，所以要求其制动效能也高；而重型货车行驶速度相对较低，其制动效能的要求也就稍低一些。制动减速度用以下公式表示：

$$j=\frac{g}{\delta G} \times F_X \quad (5\text{-}1\text{-}1)$$

式中：G 为汽车总质量；g 为重力加速度；δ 为汽车旋转质量换算系数。

3. 制动时间

制动时间是指行驶中的汽车从开始制动到完全停下来所用的时间。影响制动时间的因素有很多，如车速、轮胎的磨损程度、路面的粗糙程度以及天气状况等。

4. 抗热衰退性能

抗热衰退性能是指汽车高速行驶或下长坡连续制动时制动效能保持的程度。汽车制动器如果长时间工作或连续紧急制动就会因为摩擦过热，导致摩擦系数降低，这样就会影响制动效果。一般情况下制动器设计厂家在设计验证时就会考虑这方面的问题，考察制动后的恢复率。

5. 制动稳定性

制动稳定性是指汽车在制动过程中维持直线行驶的能力或按预定弯道行驶的能力。

（1）制动跑偏

制动时汽车自动向左或向右偏驶称为制动跑偏，主要有两个原因：一是汽车左右车轮，特别是前轴左、右车轮制动器制动力不等；二是制动时悬架导向杆系与转向系拉杆发生运动干涉。

制动跑偏程度的评价指标如下：

1）横向位移。横向位移是指汽车制动后车身最大的横向移动量。
2）航向角。航向角是指汽车制动后纵轴线与原定行驶方向的夹角。

（2）制动侧滑

制动时汽车的某一轴或两轴发生横向移动称为侧滑。在制动过程中，随滑移率（滑移率是指在车轮运动中滑动成分所占的比例，用 S 表示）的增加，侧向附着系数逐渐减小。当 $S=100\%$ 时，车轮处于抱死拖滑状态（侧向附着系数几乎等于零，汽车将失去抵抗侧向力的能力），这时如果受到侧向力的作用，将使车轮沿侧向力作用方向移动。

（3）前轮失去转向能力

汽车在弯道上制动时，转动转向盘也无法使汽车沿预定弯道制动停车的现象称为前轮失去转向能力。其产生原因是前轮抱死或前轮先抱死时，侧向附着系数几乎等于零。

引导问题 4

请查阅相关资料，简述 EHB 和 EMB 的优缺点。

_____

_____

_____

线控制动系统优缺点

1. 线控制动系统的优点

相比于传统汽车制动系统，线控制动用电线取代部分或全部制动管路，可省去制动系统的很多阀，使得制动系统结构更加简单紧凑。基于线控制动系统，不仅可以实现更高品质的防抱死制动系统、电子稳定控制系统、电子驻车系统等高级安全功能控制，而且可以满足先进驾驶辅助系统（ADAS）对自适应巡航、自动紧急制动、自动泊车、自动无人驾驶等功能的要求。

2. EHB 的优缺点

（1）优点

1）结构紧凑，改善了制动效能。

2）控制方便可靠，制动噪声显著减小。

3）不需要真空装置，有效减轻了制动踏板"打脚"的问题，提供了更好的踏板感觉。

4）由于模块化程度的提高，在车辆设计过程中又提高了设计的灵活性，减少了制动系统的零部件数量，节省了车内制动系统的布置空间。

（2）缺点

1）相对来讲，EHB 制造成本较高，EHB 以液压为制动能量源，液压的产生和电控化相对来说比较困难，不容易做到和其他电控系统的整合，而且液压系统的重量对轻量化不利。

2）EHB 工作的可靠性相对于传统的制动系统来说，还有待进一步提高。

3）EHB 比传统的机械制动更容易受到电磁干扰。

3. EMB 的优缺点

（1）优点

1）机械连接少，没有制动管路，结构简单，体积小。

2）载荷传递平稳、柔和，制动性能稳定。

3）采用机械和电气连接，信号传递迅速，反应灵敏，路感好。

4）传动效率高，节省能源。

5）电子智能控制功能强大，可以通过修改 ECU 中的软件，配置相关的参数来改进制动性能，易于实现防抱死制动系统（ABS）、牵引力控制系统（TCS）、电子稳定性控制程序（ESP）、自适应巡航（ACC）等功能。

6）模块式结构更加整体化，装配简单，维修方便。

7）利于环保，没有液压制动管路和制动液，不存在液压油泄漏的问题，系统没有不可回收的部件，对环境几乎没有污染。

（2）缺点

1）无液压备用制动系统，对可靠性要求极高，要求稳定的电源系统、更高的总线通信容错能力和电子电路的抗干扰能力。

2）制动力不足，轮毂处布置空间有限，决定制动电动机体积不可能太大，需开发配备较高电压（42V）系统以提高电动机功率。

3）工作环境恶劣，特别是高温，因部件振动大且制动温度达几百摄氏度，制约了现有 EMB 零部件的设计。

由于缺乏足够的技术支持，目前市场上并没有批量装车的 EMB 产品。

任务分组

学生任务分配表见表 5-1-4。

表 5-1-4 学生任务分配表

班级		组号		指导教师	
组长		学号			
组员角色分配					
信息员		学号			
操作员		学号			
记录员		学号			
安全员		学号			
任务分工					
（就组织讨论、工具准备、数据采集、数据记录、安全监督、成果展示等工作内容进行任务分工）					

工作计划

按照前面所了解的知识内容和小组内部讨论的结果，制定工作方案，落实各项工作负责人，包括任务实施前的准备工作、实施中主要操作及协助支持工作、实施过程中相关要点及数据的记录工作等（表 5-1-5）。

表 5-1-5 工作计划表

步骤	工作内容	负责人
1		
2		
3		
4		
5		
6		
7		
8		

进行决策

1）各组派代表阐述资料查询结果。

2）各组就各自的查询结果进行交流，并分享技巧。

3）教师对各组的计划方案进行点评。

4）各组长对组内成员进行任务分工，教师确认分工是否合理。

任务实施

引导问题 5

扫描二维码观看视频，了解如何通过 CAN 报文控制线控制动系统，并简述操作要点。

_____

_____

线控制动系统 CAN 通信实训

参考操作视频，按照规范作业要求完成操作步骤，完成数据采集并记录（表 5-1-6、表 5-1-7）。

表 5-1-6　实训准备

序号	设备及工具名称	数量	设备及工具是否完好
1	底盘线控系统测试装调实验实训台	1 台	□是　□否
质检意见	原因：		□是　□否

表 5-1-7　识别线控制动系统的结构

序号	步骤	记录	完成情况
1	线控制动系统（Brake by Wire，BBW）是智能网联汽车"控制执行层"的必要关键技术，线控制动系统目前分为两种类型：电子液压制动系统和电子机械制动系统，典型线控制动系统由制动踏板传感器、电子控制单元（ECU）、执行器机构组成		已完成□ 未完成□
2	制动踏板总成包括制动踏板和制动踏板传感器，负责接收驾驶员的制动意图		已完成□ 未完成□

113

（续）

序号	步骤	记录	完成情况
3	电子控制单元：电子控制单元和电动机在一起		已完成□ 未完成□
4	执行器机构包括制动主缸、伺服电动机、制动盘、制动钳等 （图示：制动主缸、伺服电动机+控制单元、制动盘）		已完成□ 未完成□
总结提升			已完成□ 未完成□
质检意见	原因：		已完成□ 未完成□

评价反馈

1）各组代表展示汇报PPT，介绍任务的完成过程。

2）以小组为单位，对各组的操作过程与操作结果进行自评和互评，并将结果填入表5-1-8中的小组评价部分。

3）教师对学生工作过程与工作结果进行评价，并将评价结果填入表5-1-8中的教师评价部分。

表5-1-8 综合评价表

班级		组别		姓名		学号	
实训任务							
评价项目		评价标准				分值	得分
小组评价	计划决策	制定的工作方案合理可行，小组成员分工明确				10	
	任务实施	能够正确检查并设置实训工位				5	
		能够准备和规范使用工具设备				5	

（续）

评价项目		评价标准	分值	得分
小组评价	任务实施	能够正确认知线控制动系统的结构	20	
		能够正确阐述线控制动系统的工作原理	20	
		能够规范填写任务工单	10	
	任务达成	能按照工作方案操作，按计划完成工作任务	10	
	工作态度	认真严谨，积极主动，安全生产，文明施工	10	
	团队合作	小组组员积极配合，主动交流，协调工作	5	
	6S 管理	完成竣工检验，现场恢复	5	
		小计	100	
教师评价	实训纪律	不出现无故迟到、早退、旷课现象，不违反课堂纪律	10	
	方案实施	严格按照工作方案完成任务实施	20	
	团队协作	任务实施过程互相配合，协作度高	20	
	工作质量	能准确完成实训规定的任务	20	
	工作规范	操作规范，三不落地，无意外事故发生	10	
	汇报展示	能准确表达，总结到位，改进措施可行	20	
		小计	100	
综合评分		小组评价分 × 50% ＋教师评价分 × 50%		
总结与反思				

（如：学习过程中遇到什么问题→如何解决的/解决不了的原因→心得体会）

汽车线控底盘与智能控制

 # 任务二　标定测试线控制动系统

学习目标

知识目标

1）理解制动系统标定与测试的意义。
2）掌握制动系统标定与测试的方法。
3）掌握制动系统标定与测试的过程。

技能目标

1）能够识别制动系统的技术参数。
2）能够对制动系统进行标定。

素养目标

1）认真严谨，积极主动，安全生产，文明施工。
2）获得多途径检索知识、分析解决问题以及多元化思考解决问题的方法，形成创新意识。
3）严格执行各项规章制度及6S现场管理，培养精益求精的工匠精神。

知识索引

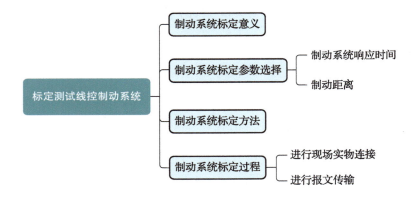

情境导入

在2021年4月的上海车展上发生了特斯拉车主维权事件。特斯拉的回应是公布事故车辆的EDR（车辆事件数据记录系统）数据，但车主对数据发出质疑。那么此次事故的发生是否是由制动失灵引起呢？许多标定工程师对此进行了研究，这也是标定与测试的作用所在。

获取信息

引导问题 1

请查阅相关资料,简述制动系统标定的意义。

_____
_____
_____

制动系统标定意义

行车制动系统的功用是使正在行驶中的汽车减速或在最短的距离内停车。制动系统是汽车最重要的一个控制系统,因为制动系统的性能关乎着人们的安全。对制动系统中某些参数进行标定更是有必要的,它不仅要满足整车厂制造汽车时的设计要求,更要满足国家法规对制动系统各个参数的强制要求。

 引导问题 2

请查阅相关资料,简述制动距离的定义。

_____
_____
_____

职业认证   新能源汽车装调与测试职业技能等级要求(中级)中的制动系统检测与验证任务就要求考生能完成制动系统测试与验证,确认制动系统符合技术要求,能编写测试报告。通过新能源汽车装调与测试职业技能等级(中级)考核可获得教育部 1+X 证书中的新能源汽车装调与测试职业技能等级证书(中级)。

制动系统标定参数选择

1. 制动系统响应时间

制动系统响应时间是从驾驶员开始踏下制动踏板到制动结束,其全过程包括四个阶段:制动系统的反应时间、制动器起作用时间(协调时间)、持续制动时间和放松制动器。制动系统响应过程如图 5-2-1 所示。

| 制动系统反应时间 | 制动器起作用时间 | 持续制动时间 | 放松制动器 |

图 5-2-1 制动系统响应过程

其中，制动系统的反应时间是指随着驾驶员踩踏板的动作，踏板克服自由行程制动器间隙所需时间，这一时间汽车没有减速运动；制动器起作用时间是指制动器经过一段时间起作用，制动压力迅速增加到最大值，这一时间汽车有减速运动；持续制动时间是指在该段时间内制动减速度相对稳定；直至放松制动器时间，在该段时间内驾驶员放松制动踏板，制动过程结束。

2. 制动距离

制动距离是衡量一辆汽车的制动性能的关键性参数之一。它是车辆处于某一时速的情况下，从开始制动到完全静止时，所驶过的路程。它包括反应距离和制动距离两个部分。制动距离越小，汽车的制动性能就越好。由于它比较直观，因此成为广泛采用的评价制动效能的指标。正确标定汽车制动距离对保障行车安全起着十分重要的作用。

> **引导问题 3**
>
> 请查阅相关资料，简述制动系统标定方法。
>
> _____
> _____
> _____

制动系统标定方法

制动系统标定原理连接图如图 5-2-2 所示。除此之外其他内容可参考能力模块三任务二中的内容，这里不再做具体说明。

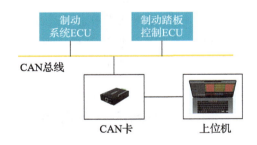

图 5-2-2　标定原理连接图

> **引导问题 4**
>
> 请查阅相关资料，简述制动系统的标定过程。
>
> _____
> _____
> _____

> 在2022年全国职业院校技能大赛的汽车技术赛项里的智能网联汽车技术模块中,要求参赛选手对线控底盘进行车辆制动检查。

制动系统标定过程

1. 进行现场实物连接

进行实物连接,使用上位机 PC 端连接 CAN 卡,通过 CAN 卡连接到车辆的制动系统 ECU 端。如图 5-2-3 所示。

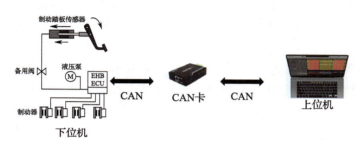

图 5-2-3　现场实物连接图

2. 进行报文传输

1)首先运用上位机 PC 端通过 CAN 总线发送请求标定报文。其中 PID 位为制动时间标定标识符,后面数据位为制动系统 ECU 地址,通过上位机 PC 端发送请求标定报文,如图 5-2-4 所示。

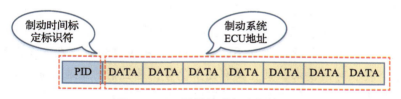

图 5-2-4　发送请求标定报文

2)等待制动系统 ECU 反馈报文给上位机 PC 端示意发送成功。

3)上位机 PC 端向制动系统 ECU 发送包含制动时间标定变量的字节数和数值,如图 5-2-5 所示。

图 5-2-5　发送制动时间标定变量

4)重复以上步骤,进行多次标定,通过筛选数据得到更准确的标定值。

拓展阅读

线控制动系统（Brake-by-Wire）是电子控制的制动系统，是汽车底盘域的核心部件，其主要特征是取消了制动踏板和制动器之间的机械连接，以电子结构上的关联实现信号的传送、制动能量的传导。它分为液压式线控制动系统（Electro-Hydraulic Brake，EHB）和机械式线控制动系统（Electro-Mechanical Brake，EMB）两种。

EHB 以传统的液压制动系统为基础，电子器件替代了部分机械部件的功能，使用制动液作为动力传递媒介，同时具备液压备份制动系统，是目前的主流技术方案。在 EMB 中，ECU 根据制动踏板传感器信号及车速等车辆状态信号，驱动和控制执行机构电动机来产生所需要的制动力，无液压备份制动系统。

线控制动相对于传统制动系统的技术突破和特点主要表现为：

1）线控制动系统由电子控制单元（ECU）取代驾驶员主动建压，实现常规主动制动，满足高级别智能驾驶要求。在智能驾驶感知—决策—执行的设计范式中，线控制动系统属于执行层。L3 及以上级别智能驾驶要求制动系统可以脱离人力，由 ECU 控制主动建压，从而实现满足法规要求的常规制动。因此线控制动是 L3 级别以上智能驾驶的必备技术条件。

2）线控制动系统可以大幅缩短响应时间，缩短制动距离。电信号的传递远快于机械传递，线控制动相较传统的液压制动，响应时间大幅缩短，EHB 产品响应时间可以从常规制动的 400~600ms 缩短到 150ms 以内，EMB 进一步将响应时间缩短到 100ms 以内。线控制动的响应速度能够满足智能汽车对执行器快速响应的要求，从而助力 L3 及以上级别智能驾驶技术的发展和应用。

制动系统的技术发展路径可划分为三个发展阶段，第一阶段是当前被广泛应用的传统制动技术和产品，主要呈现为传统液压制动和电子真空助力泵；第二阶段是在新能源和智能化的推动下，出现的 EHB 线控制动技术方案，其中 Two-Box 方案有较长时间技术积累且具有冗余优势，是目前的主流方案，而 One-Box 方案集成度更高，具有低成本、能量回收（提升续航）的优势；第三阶段是随着智能驾驶技术发展需要，EHB Two-Box 解耦方案、EHB One-Box+ 电子冗余方案和有冗余的 EMB 线控制动技术方案，这是未来线控制动发展的主流方向。当前国内制动技术相关企业陆续推出不同线控制动产品和方案，并实现在自主品牌车型的搭载，同时考虑当前多种技术路径并存下的机遇，本土供应商有望实现弯道超车。

EHB 是目前主流的线控制动方案，它以液压制动为基础，采用综合制动模块取代传统制动系统中的助力器、压力调节器、防抱死制动系统（ABS）和电子稳定系统（ESC）等，通过踏板传感器给电子控制单元（ECU）输入制动信号，ECU 根据踏板传感器信号及车速等信息，对制动电动机输出命令使其通过制动液建压，产生所需制动力。

EHB Two-Box 电子助力器与 ESC 分立，能满足一定条件下的冗余要求，分为解耦方案和非解耦方案。非解耦方案成本相对低，解耦方案能够实现协调式能量回收策略。EHB One-Box 与 EHB Two-Box 相比，减少了 1 个 ECU 与 1 个制动单元，集成度更高，成本更低；由于实现了踏板力与制动力的完全解耦，能够实现协调式回收，能量回收效率更高，可实现约 10%~30% 的续驶里程的增长（根据驾驶工况有所区别，城市工况下能量回收更高，对续驶里程的提升更显著）。同时 One-Box 叠加电子冗余模块能够满足高级别智能驾驶对冗余的要求，随智能驾驶的升级有望进一步发展。

EMB 完全摒弃了传统液压装置，采用电动机直接给制动盘施加制动力。EMB 包括制动执行机构、电子控制单元、中央控制单元、制动踏板模拟机构、传感器和电源等主要组成部分。EMB 具有响应速度极快、重量轻、集成度高的优势。但目前其技术成熟度不够高，综合成本较 EHB 方案高，对底盘改造大，短期内难以在乘用车上实现大批量量产装车。

任务分组

学生任务分配表见表 5-2-1。

表 5-2-1　学生任务分配表

班级		组号		指导教师	
组长		学号			
组员角色分配					
信息员		学号			
操作员		学号			
记录员		学号			
安全员		学号			
任务分工					
（就组织讨论、工具准备、数据采集、数据记录、安全监督、成果展示等工作内容进行任务分工）					

工作计划

按照前面所了解的知识内容和小组内部讨论的结果，制定工作方案，落实各项工作负责人，包括任务实施前的准备工作、实施中主要操作及协助支持工作、实施过程中相关要点及数据的记录工作等（表 5-2-2）。

表 5-2-2　工作计划表

步骤	工作内容	负责人
1		
2		
3		
4		
5		
6		
7		
8		

进行决策

1）各组派代表阐述资料查询结果。
2）各组就各自的查询结果进行交流，并分享技巧。
3）教师对各组的计划方案进行点评。
4）各组长对组内成员进行任务分工，教师确认分工是否合理。

任务实施

引导问题 5

扫描二维码观看视频，了解如何标定底盘线控系统的制动距离，并简述操作要点。

_____

_____

制动距离标定

参考操作视频，按照规范作业要求完成操作步骤，完成数据采集并记录（表 5-2-3、表 5-2-4）。

表 5-2-3　实训准备

序号	设备及工具名称	数量	设备及工具是否完好
1	底盘线控系统测试装调实验实训台	1 台	□是　□否
2	键盘	1 个	□是　□否
3	鼠标	1 个	□是　□否
质检意见	原因：		□是　□否

表 5-2-4　线控制动系统的标定

序号	步骤	记录	完成情况
1	底盘线控测试系统由六大部分组成，从左至右分别是安全注意事项、线控制动模块、车身电子电气模块、线控转向模块、线控驱动模块和驾驶体验模式		已完成□ 未完成□
2	启动电源按钮，底盘线控系统测试装调实验实训台通电		已完成□ 未完成□
3	进入电子电气模块，有电路图认知、基础认知、四大模块演示和 VCU 控制实操四个部分，首先单击进入 VCU 控制实操，将 CAN 设备打开		已完成□ 未完成□
4	单击界面右上角"诊断"，可以查看 BMS 系统监测到的电机数据和电池数据，包括高压上电、档位、制动、车速、整车故障码、电池状态、电池电压、电压温度等		已完成□ 未完成□
5	接下来进行 VCU 控制测试和灯光控制测试，其中 VCU 控制包括档位控制、转向控制、驱动控制和制动控制；灯光控制包括近光灯、左转向灯、右转向灯和制动灯控制。注意：在自动模式下测试，系统中自带一个 CAN 命令样例，具体操作为：单击发送命令后的"？"号，会弹出 CAN 命令样例界面，单击左上角测试，自动填充 CAN 指令		已完成□ 未完成□
6	**VCU 控制测试** 1）档位控制测试：通过发送指令，将档位变成前进档；验证，查看数据流，档位从空档变成前进档 2）转向控制测试：通过发送指令，将转向角度变成 24°；验证，查看数据流。注意：测试完之后，需要手动输入指令使设备停止 3）同理，按照上述步骤，完成驱动控制和制动控制测试		已完成□ 未完成□
7	**灯光控制测试** 1）近光灯控制测试：通过发送指令，将近光灯打开；验证，可以通过界面右侧查看灯光是否打开，也可以查看台架灯光是否打开进行验证 2）左转向灯控制测试：通过发送指令，将左转向打开；验证，可以通过界面右侧查看灯光是否打开，也可以查看台架灯光是否打开进行验证 3）同理，按照上述步骤，完成右转向灯和制动灯的控制测试		已完成□ 未完成□
总结提升			已完成□ 未完成□
质检意见	原因：		已完成□ 未完成□

评价反馈

1）各组代表展示汇报 PPT，介绍任务的完成过程。

2）以小组为单位，对各组的操作过程与操作结果进行自评和互评，并将结果填入表 5-2-5 中的小组评价部分。

3）教师对学生工作过程与工作结果进行评价，并将评价结果填入表 5-2-5 中的教师评价部分。

表 5-2-5 综合评价表

班级		组别		姓名		学号	
实训任务							
评价项目		评价标准				分值	得分
小组评价	计划决策	制定的工作方案合理可行，小组成员分工明确				10	
	任务实施	能够正确检查并设置实训工位				5	
		能够准备和规范使用工具设备				5	
		能够正确识别制动系统的技术参数				20	
		能够正确标定线控制动系统				20	
		能够规范填写任务工单				10	
	任务达成	能按照工作方案操作，按计划完成工作任务				10	
	工作态度	认真严谨，积极主动，安全生产，文明施工				10	
	团队合作	小组组员积极配合，主动交流，协调工作				5	
	6S 管理	完成竣工检验，现场恢复				5	
		小计				100	
教师评价	实训纪律	不出现无故迟到、早退、旷课现象，不违反课堂纪律				10	
	方案实施	严格按照工作方案完成任务实施				20	
	团队协作	任务实施过程互相配合，协作度高				20	
	工作质量	能准确完成实训规定的任务				20	
	工作规范	操作规范，三不落地，无意外事故发生				10	
	汇报展示	能准确表达，总结到位，改进措施可行				20	
		小计				100	
综合评分		小组评价分 ×50% ＋教师评价分 ×50%					
总结与反思							

（如：学习过程中遇到什么问题→如何解决的 / 解决不了的原因→心得体会）

能力模块六 线控悬架系统认知

任务一 调研分析线控悬架系统

学习目标

知识目标
1）了解线控悬架系统的定义。
2）掌握线控悬架系统的工作原理。

技能目标
能够阐述线控悬架系统的工作原理。

素养目标
1）认真严谨，积极主动，安全生产，文明施工。
2）获得多途径检索知识、分析解决问题以及多元化思考解决问题的方法，形成创新意识。
3）严格执行各项规章制度及 6S 现场管理，培养精益求精的工匠精神。

知识索引

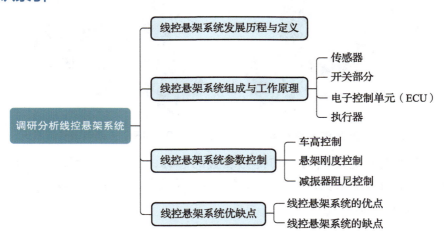

汽车线控底盘与智能控制

📖 **情境导入**

悬架系统作为车辆的一个重要组成部分，与车辆操纵稳定性能以及驾乘感受有着直接关系。奔驰公司推出的"魔毯"智能车身控制系统（Magic Body Control）便属于线控悬架系统，它可侦测到前方15m范围内的地形，通过立体摄像头扫描出地面的起伏，再根据地形对悬架系统做出相应调节，只需将悬架选择为舒适模式，便可以实现像魔毯一样飞过颠簸，而车身却没有任何明显的起伏或者是悬架传来的声响。作为一名测试工程师，你将向新入职的员工讲述线控悬架系统的结构、工作原理与发展趋势。

🔍 **获取信息**

❓ **引导问题 1**

请查阅相关资料，简述线控悬架系统的定义。

_____
_____
_____

线控悬架系统发展历程与定义

1980年，BOSE公司成功研发了一款电磁主动悬架系统（图6-1-1）。1984年，电控空气悬架开始出现，林肯汽车成为第一个采用可调整线控空气悬架系统的汽车。目前，凯迪拉克汽车安装的MRC主动电磁悬架系统（图6-1-2）、宝马7系车型装备的空气悬架系统（图6-1-3）等均属于线控悬架系统的不同形式。

图6-1-1　BOSE的电磁悬架系统　　图6-1-2　MRC主动电磁悬架系统

悬架是车架与车轮之间的一切传力装置的总称，线控悬架系统（Suspension by Wire）也称为主动悬架系统，是智能网联车辆的重要组成部分，可实现缓冲振动、保持车辆平稳行驶的功能。

图 6-1-3　宝马 7 系前后空气悬架

在汽车行驶中，线控悬架系统可以根据不同的路面情况、载重量、车速等，控制悬架系统弹簧刚度或减振器阻尼，使汽车的操纵稳定性与乘坐的舒适性达到和谐的调节，也可以调节车身高度以提高车辆的通过性。

引导问题 2

请查阅相关资料，简述线控悬架系统的组成。

_____
_____
_____

线控悬架系统组成与工作原理

线控悬架系统由传感器、各种开关、电子控制单元（ECU）和执行器等组成，其组成结构如图 6-1-4 所示。

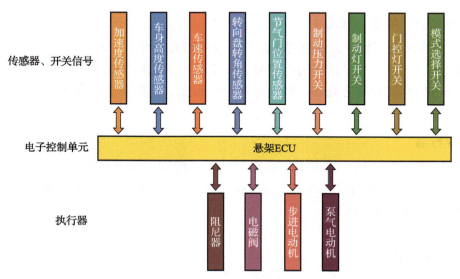

图 6-1-4　线控悬架系统组成

1. 传感器

传感器包括转向盘转角传感器、车速传感器、车身高度传感器、加速度传感器和节气门位置传感器等。其作用是将汽车行驶路况（汽车的振动）和车速及起动、加速、转向、制动等工况转变为电信号，并输送到ECU。各传感器主要功能见表6-1-1。

表6-1-1　各传感器功能

传感器	功能
车身加速度传感器	检测车身振动，也可反映行驶的路面状况和车身横向运动状况
车身位移传感器	检测车身与车桥的相对位移，反映车身的平顺性和车身高度
车速传感器	检测车轮转速，反映车速和计算车身的侧倾量
转向盘转角传感器	检测转向盘转角，计算车身侧倾
节气门位置传感器	检测节气门开度，反映汽车加速状况

2. 开关部分

开关主要包括模式选择开关、制动压力开关、制动灯开关和门控灯开关等。各开关主要功能见表6-1-2。

表6-1-2　各开关功能

开关	功能
制动压力开关	检测制动管路压力，判断汽车制动情况
制动灯开关	检测制动灯电路通断，判断汽车制动状况
门控灯开关	检测门控灯电路通断，判断乘员状况
模式选择开关	根据汽车行驶状况和路面情况选择悬架的运行模式，从而决定减振器的阻尼力大小

3. 电子控制单元（ECU）

当汽车在路面行驶时，传感器将汽车行驶的路面情况（汽车振动）和车速及起动、加速、转向、制动等工况转变为电信号，输送给电子控制单元。电子控制单元将传感器输入的电信号进行综合处理，输出对弹簧的刚度、减振器阻尼及车身高度进行调节的控制信号。

4. 执行器

线控悬架系统的执行器主要包括阻尼器、电磁阀、步进电动机、泵气电动机等。它们根据ECU的控制信号，准确、快速和及时地作出动作反应，实现对弹簧刚度、减振器阻尼或车身高度的调节。

 引导问题3

请查阅相关资料，简述悬架刚度控制分为哪几种情况。

线控悬架系统参数控制

在汽车行驶过程中,线控悬架系统的控制过程主要分为车高控制、悬架刚度控制、减振器阻尼控制。

1. 车高控制

ECU 根据汽车传感器信号判断汽车的高度状况,当判定车身高度低了,则控制空气压缩机电动机和高度控制阀向空气弹簧主气室内充气,使车身高度增加;反之,则打开高度控制阀向外排气,使车身高度降低。系统根据车速、车高等信号来监视汽车的状态,控制执行机构来调整车高,其实现的功能见表 6-1-3。

表 6-1-3 车高控制功能

功能	内容
驻车时车高控制	停车后,当车上载荷减少而车身上抬时,控制系统能自动地降低车身高度,以减少悬架系统的负荷,改善汽车外观形象
高速行驶工况车高控制	当汽车高速行驶时,主动降低车身高度,以改善行车的操纵稳定性和气动特性
特殊行驶工况车高控制	汽车行驶于起伏不平的路面时,主动升高车身,避免与地面磕碰
自动水平控制	车身高度不受载荷影响,保持基本恒定,姿态水平,使乘坐更加平稳,前照灯光束方向保持不变,提高行车安全性

2. 悬架刚度控制

悬架刚度是衡量悬架抵抗变形能力的一种量度,悬架刚度与汽车性能的关系如图 6-1-5 所示。

悬架刚度 —— 悬架软 —— 提升轮胎抓地力,汽车平顺性好
　　　　 —— 悬架硬 —— 响应速度快,提升操纵稳定性

图 6-1-5 悬架刚度与汽车性能关系

在汽车行驶过程中,MCU 接收由传感器传来的信息,计算并控制弹簧刚度,弹簧刚度的控制主要有防前倾、后倾控制,以及防侧倾控制和前后轮相关控制等。

(1)防前倾、后倾控制

前倾一般是汽车高速行驶时突然制动时发生的现象,防前倾主要是防止紧急制动时汽车前端的下沉。后倾一般是汽车加速或换档时出现的现象,防后倾主要目的是防止汽车车身后仰。调整悬架刚度可以防止汽车前倾后倾现象,如图 6-1-6 所示。

(2)防侧倾控制

当紧急转向时,应由正常行驶的"中"刚度转换为"硬"刚度,以防止产生侧倾。调整悬架刚度可以防止汽车发生侧倾现象,如图 6-1-7 所示。

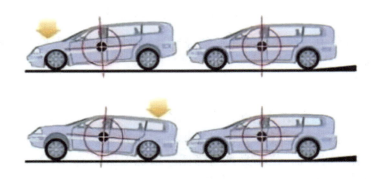

图 6-1-6　避免汽车前倾、后倾现象

（3）前后轮相关控制

当汽车行驶在弯曲道路或凹凸路面上时，通过前后轮弹簧刚度相关控制并结合协调阻尼力大小控制，使在正常行驶时刚度从"中"的设置转换到"软"的设置以改善平顺性。在高速运行时"软"的设置会导致汽车出现行驶不稳定的状态，而遇到路面不平时，"软"的悬架可以吸收车身大部分起伏，如图 6-1-8 所示。

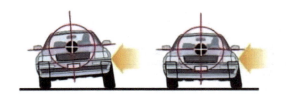

图 6-1-7　减少汽车侧倾现象　　　图 6-1-8　减少凹凸路面车身起伏现象

3. 减振器阻尼控制

悬架系统中由于弹性元件（弹簧）受冲击产生振动，与弹性元件并联安装减振器，以衰减振动，主要完成防止高速制动时前倾、加速和换档时后倾、急转弯时侧倾和保证高速时具有良好的附着力等控制功能，从而提高汽车行驶的舒适性和安全性。

减振器与弹性元件承担着缓冲和减振的任务，减振器的阻尼力要随汽车振动速度的增加而增大，随汽车振动速度降低而减小。阻尼力具体调整情况见表 6-1-4。

表 6-1-4　减振器阻尼力调整

车况	阻尼力调整
压缩行程（车轮和车身相互靠近）	减振器阻尼力应调整较小，以便充分发挥弹性元件的弹性作用，缓和冲击
伸张行程（车轮和车身相互远离）	减振器阻尼力应调大，迅速减振
车轮与车身间的相对速度过大	要求使阻尼力始终保持在一定限度内，以避免车身承受过大的冲击载荷

引导问题 4

请查阅相关资料,简述线控悬架系统的特点。

_____
_____
_____

线控悬架系统优缺点

1. 线控悬架系统的优点

线控悬架系统可以针对汽车不同的工况,控制执行器产生不同的弹簧刚度和减振器阻尼,既能满足平顺性和操纵稳定性的要求,也能保障乘坐舒适性要求。其主要优点如下:

1)刚度可调,可改善汽车转弯时出现的侧倾以及制动和加速等引起车身"点头"和"后坐"等问题。

2)汽车载荷变化时,能自动维持车身高度不变。

3)碰到障碍物时,能瞬时提高车轮,越过障碍,使汽车的通过性得到提高。

4)可抑制制动时的前倾,充分利用车轮与地面的附着条件,加速制动过程,缩短制动距离。

5)使车轮与地面保持良好的接触,提高车轮与地面的附着力,增加汽车抵抗侧滑的能力。

2. 线控悬架系统的缺点

尽管线控空气悬架有诸多优点,但其结构也决定了其不可避免的缺点,具体如下:

1)结构复杂,故障的概率和频率远远高于传统悬架系统。由于线控悬架要求每一个车轮悬架都有控制单元,得到路面数据后的优化处理算法难度非常大,调节不好就会适得其反。

2)就线控空气悬架而言,用空气作为调整底盘高度的"推进动力",空气弹簧的密封性要求非常高,若空气弹簧出现漏气,则整个系统将处于"瘫痪"状态。如果频繁地调整底盘高度,还有可能造成气泵系统局部过热,会大大缩短气泵的使用寿命。

3)某些车型的线控悬架系统存在着与其他系统相关的限制。例如,摄像头只能识别路面的凹陷和凸起,而浸满雨水的坑就会被无视,斑马线却很有可能被当成起伏;此外,颠簸振动、雨雪大雾天气、迎面射来的灯光都会直接让系统失效。

任务分组

学生任务分配表见表 6-1-5。

表 6-1-5　学生任务分配表

班级		组号		指导教师	
组长		学号			
组员角色分配					
信息员		学号			
操作员		学号			
记录员		学号			
安全员		学号			
任务分工					
（就组织讨论、工具准备、数据采集、数据记录、安全监督、成果展示等工作内容进行任务分工）					

工作计划

按照前面所了解的知识内容和小组内部讨论的结果，制定工作方案，落实各项工作负责人，包括任务实施前的准备工作、实施中主要操作及协助支持工作、实施过程中相关要点及数据的记录工作等（表 6-1-6）。

表 6-1-6　工作计划表

步骤	工作内容	负责人
1		
2		
3		
4		
5		
6		
7		
8		

进行决策

1）各组派代表阐述资料查询结果。
2）各组就各自的查询结果进行交流，并分享技巧。
3）教师对各组的计划方案进行点评。
4）各组长对组内成员进行任务分工，教师确认分工是否合理。

任务实施

按照规范作业要求完成操作步骤并记录（表 6-1-7）。

表 6-1-7　认知线控悬架系统

序号	步骤	记录	完成情况
1	说出线控悬架系统由哪些部件组成，并简述各部件的作用		已完成□ 未完成□
2	了解了线控悬架系统各个模块的结构组成和作用，线控悬架系统根据其独有的结构设计，使汽车平顺性和稳定性都得到了提高，结合线控底盘台架阐述线控悬架系统的工作原理		已完成□ 未完成□
3	简述线控悬架系统具体在哪些工况下汽车平顺性和稳定性得到了提高，以及面对各种工况有哪些应对措施		已完成□ 未完成□
4	请简述线控悬架系统的优缺点		已完成□ 未完成□
总结提升			已完成□ 未完成□
质检意见	原因：		已完成□ 未完成□

评价反馈

1）各组代表展示汇报 PPT，介绍任务的完成过程。
2）以小组为单位，对各组的操作过程与操作结果进行自评和互评，并将结果填入表 6-1-8 中的小组评价部分。
3）教师对学生工作过程与工作结果进行评价，并将评价结果填入表 6-1-8 中的教师评价部分。

表 6-1-8 综合评价表

班级		组别		姓名		学号	
实训任务							
评价项目		评价标准				分值	得分
小组评价	计划决策	制定的工作方案合理可行，小组成员分工明确				10	
	任务实施	能够正确检查并设置实训工位				5	
		能够准备和规范使用工具设备				5	
		能够正确认知线控悬架系统的结构				20	
		能够正确阐述线控悬架系统的优缺点				20	
		能够规范填写任务工单				10	
	任务达成	能按照工作方案操作，按计划完成工作任务				10	
	工作态度	认真严谨，积极主动，安全生产，文明施工				10	
	团队合作	小组组员积极配合，主动交流，协调工作				5	
	6S 管理	完成竣工检验，现场恢复				5	
		小计				100	
教师评价	实训纪律	不出现无故迟到、早退、旷课现象，不违反课堂纪律				10	
	方案实施	严格按照工作方案完成任务实施				20	
	团队协作	任务实施过程互相配合，协作度高				20	
	工作质量	能准确完成实训规定的任务				20	
	工作规范	操作规范，三不落地，无意外事故发生				10	
	汇报展示	能准确表达，总结到位，改进措施可行				20	
		小计				100	
综合评分		小组评价分 ×50%＋教师评价分 ×50%					
总结与反思							

（如：学习过程中遇到什么问题→如何解决的 / 解决不了的原因→心得体会）

任务二　调研分析线控悬架系统应用场景

学习目标

知识目标
1）掌握线控悬架系统的结构。
2）了解几种常见的线控悬架系统。

技能目标
能够阐述常见线控悬架系统应用场景，并在课后以PPT形式进行分组汇报。

素养目标
1）认真严谨，积极主动，安全生产，文明施工。
2）获得多途径检索知识、分析解决问题以及多元化思考解决问题的方法，形成创新意识。
3）严格执行各项规章制度及6S现场管理，培养精益求精的工匠精神。

知识索引

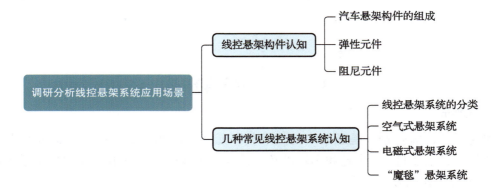

情境导入

作为一名测试工程师，你准备向新入职的员工进行一次以线控悬架系统的种类与常见应用场景为题的培训，你将要如何进行这次培训呢？

获取信息

引导问题 1

请查阅相关资料,简述弹性元件与阻尼元件的作用。

_____
_____
_____

线控悬架构件认知

1. 汽车悬架构件的组成

汽车悬架构件是悬架系统的基础。一个完整的悬架总成,其构件组成如图 6-2-1 所示。其中,弹性元件(弹簧)用于吸收来自路面的冲击;阻尼元件(减振器)通过限制弹簧的振动来改善乘坐舒适性;稳定器(横向稳定杆或侧倾稳定杆)的作用是防止车辆横向摆动;导向机构使上述部件保持就位并且控制车轮的纵向或横向运动。

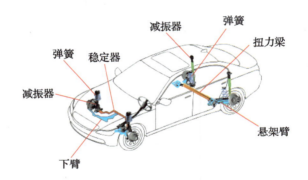

图 6-2-1 汽车悬架构件组成

2. 弹性元件

弹性元件,即弹簧,是悬架中的"承载"元件。由弹簧支撑的车身重量称为车辆悬架质量(簧上质量),车轮和车轴以及不是弹簧支撑的汽车其他部件称为非悬架质量(簧下质量),如图 6-2-2 所示。

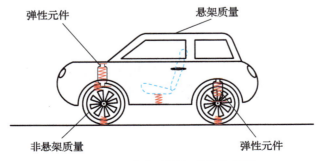

图 6-2-2 悬架质量与非悬架质量

原则上应使非悬架质量尽量小，这样才能将非悬架质量对振动特性（车身固有频率）的影响降至最小。同时非悬架质量的减小也降低了惯量所产生的冲击负荷，大大改善悬架的响应特性，明显提高乘坐舒适性。悬架质量和弹簧的特征参数（弹簧刚度）确定了车身固有频率，悬架质量较大或弹簧较软，车身固有频率就低一些，而弹簧的行程（振幅）就大；悬架质量较小或弹簧较硬，车身固有频率就高一些，而弹簧的行程（振幅）就小。试验结果表明如果车身固有频率超过1.5Hz，会使乘坐舒适性恶化；超过5Hz，车辆行驶会强烈振动。

3. 阻尼元件

在汽车悬架系统中，如果只有弹性元件而没有阻尼元件，那么车身的振动将会永无休止地延续下去，使汽车的乘坐舒适性和操纵稳定性变差。为了尽可能快地消除悬架所吸收的振动能量，悬架设计必须考虑带有衰减振动的阻尼元件。汽车悬架中广泛采用的阻尼元件就是内部充有液体的液压减振器，它并联在悬架弹簧中。当车身和车轮振动时，减振器内的液体在流经阻尼孔产生的摩擦和液体的黏性摩擦就会形成减振阻尼力，其将振动能量转变为热能，并散发到空气中去，实现衰减振动的目的。在确定减振器的阻尼力特性时，必须考虑到车辆乘坐舒适性、操纵稳定性等因素。造成乘坐舒适性与操纵稳定性相矛盾的因素有很多，阻尼力特性也是其中之一。若重视车辆行驶操纵稳定性而将阻尼特性设定较高，有损害乘坐舒适性的倾向；相反，若设定过低，则车辆的稳定性较差。因此，根据车辆规格使两方面适当地得到协调以进行选择，是特性选择的要点。以阻尼系数比表示车辆的阻尼特性时，其平均值为：

$$C/C_c = 0.2 \sim 0.4 ; \quad C_c = 2\sqrt{Kw/g}$$

式中，C 为减振器的阻尼系数，是减振器阻尼力–速度特性曲线的斜率；C_c 为悬架系统的临界阻尼系数；K 为悬架弹簧的刚度；w 为所承受的悬架质量；g 为加速度。

阻尼系数比是评价悬架性能好坏的重要参数之一，是悬架"软"或"硬"的标志，也是振动衰减快慢的标志。为缓冲由不平路面传入的向上冲击，减振器的回弹（拉伸）阻尼力一般大于压缩阻尼力，其设定值通常为6：4～8：2。

对悬架系统减振器所要求的阻尼力如图6-2-3所示。

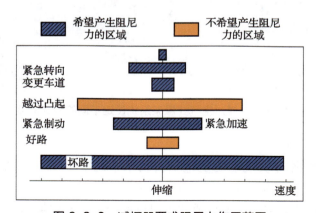

图6-2-3　减振器要求阻尼力作用范围

即使减振器运动活塞速度相同,根据其行驶条件,其阻尼力也有所不同,因此采用了根据各种行驶条件可变阻尼力机构。通常,在良好路面行驶时,阻尼力设计得较低,可确保乘坐舒适性;而在急转弯、快速起步及急制动时,通过提高阻尼力可减少车身姿态的变动;在凸起或不平路面上行驶时通过提高阻尼力,可快速吸收车身的振动,减少轮胎抓地力的变化。可变阻尼力机构由阻尼力可变减振器、电子控制器、各种传感器及各种阻尼力转换促动器构成。

> **引导问题 2**
>
> 请查阅相关资料,简述线控悬架系统的分类。
> _____
> _____
> _____

几种常见线控悬架系统认知

1. 线控悬架系统的分类

线控悬架系统也称为主动悬架系统,根据工作原理可分为空气式、液压式、电磁式等。其中,空气式悬架系统是通过改变各空气弹簧中压缩空气的压力和体积来改变汽车减振系统的软硬和车身高度,如图 6-2-4 所示。液压式悬架系统根据车辆行驶速度、车身振动、车轮跳动以及倾斜状态等信号,调节四个执行液压缸中液压油的量,以实现对减振器软硬程度及车身高度的调整。电磁式悬架系统通过改变电流来改变电磁场的强度,进而达到控制阻尼系数的目的。

图 6-2-4 通过空气式悬架系统设定不同的车身高度

2. 空气式悬架系统

空气式悬架系统能够实现的功能包括自动水平调节、设定不同的车辆高度、根据车速自动调节车身高度以及设定不同的车辆减振阻尼。

为了实现这些功能,空气悬架分成两大组成部分:空气弹簧和空气阻尼控制(PDC)阀。这两大部分可以安装在一起成为一体式空气悬架(图 6-2-5),也可分离安装成为分离式空气悬架（图 6-2-6）。其中空气弹簧的关键部分是管状气囊，优质弹性材料和用尼龙制成的织物芯层（高强度支架）使得管状气囊具有良好的开卷特性和反应灵敏性。管状气囊内部的压缩空气就是空气悬架能够对车辆提供有效支撑的秘密，通过调节压缩空气压力即可调节空气弹簧的支撑力和车身高度。

关于空气阻尼控制阀的控制原理，以下以一体式空气悬架为例进行讲解。

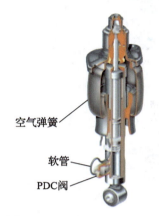
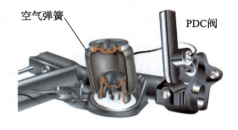

图 6-2-5 空气弹簧和空气阻尼控制阀一体式空气悬架　　图 6-2-6 空气弹簧和空气阻尼控制阀分离式空气悬架

空气阻尼控制阀会影响活塞杆一侧工作腔（工作腔1）的液压油流动阻力，从而调节整个压缩回弹过程的阻尼，如图 6-2-7 所示。空气阻尼控制阀的流动阻力与控制压力（空气弹簧压力）有固定的对应关系，阻尼力由相应的阻尼阀（压缩/回弹）和空气阻尼控制阀形成的流动阻力决定。

工作腔1通过一个孔与空气阻尼控制阀相连。当空气弹簧压力较小时，空气阻尼控制阀所形成的液压油流动阻力也小，因此一部分减振液压油会流过阻尼阀，于是阻尼力就减小了，如图 6-2-8 所示。

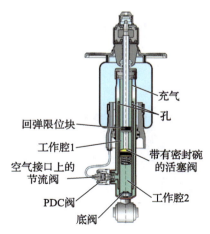
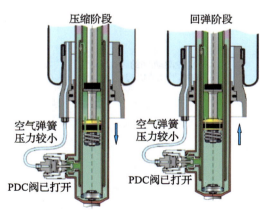

图 6-2-7 空气悬架内部组成结构示意图　　图 6-2-8 空气悬架低空气压力时的压缩回弹过程示意图

当空气弹簧压力较大时，空气阻尼控制阀所形成的液压油流动阻力也大，于是阻尼力就增大了，如图 6-2-9 所示。

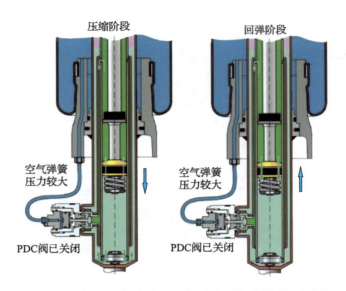

图 6-2-9　空气悬架高空气压力时的压缩回弹过程示意图

由于空气弹簧和空气阻尼控制阀可通过软管相连，因此它可以分成一体式布置和分离式布置两种布局，从而满足不同车型不同空间的布置要求。例如，奥迪 A6 的前轮驱动车型采用分离式布置的后悬架（图 6-2-10），而四轮驱动车型则采用一体式布置的后悬架（图 6-2-11）。它也可以灵活地配置于同一车型，前后悬架进行不同的搭配。

配备了主动空气悬架的车型使得驾驶模式动态调整系统变得更为完整。以奥迪的全新一代 Q5 为例，其驾驶模式动态调整系统可按照驾驶员的选择，通过主动空气悬架对前后悬架的高度和软硬程度进行调整，如图 6-2-12 所示。

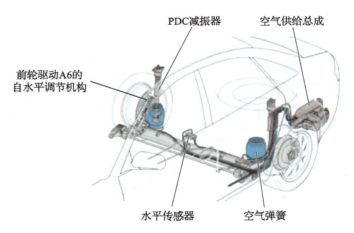

图 6-2-10　采用分离式空气悬架的奥迪 A6 后悬架示意图

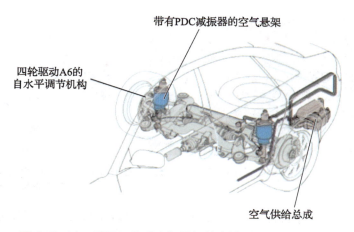

图 6-2-11　采用一体式空气悬架的奥迪 A6 后悬架示意图

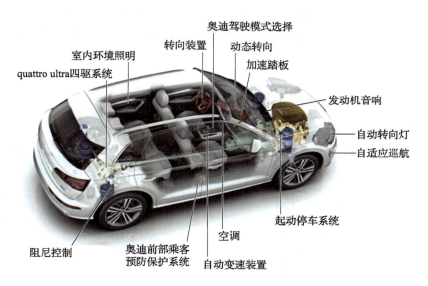

图 6-2-12　奥迪 Q5 结构示意图

3. 电磁式悬架系统

电磁式悬架系统的电磁悬架不同于空气式，它仍使用弹簧提供支撑力，其减振器内部则不是传统的液压油，而是磁流变液（Magneto-Rheological Fluid）。磁流变液的特点就是可通过电控的磁场来灵活调节磁流变液的黏度，从而控制减振器的阻尼，也就是改变悬架的软硬。

磁流变液受磁场控制的特性成就了电磁悬架最大的特点——响应迅速，使得装备电磁悬架的车型可灵活地在旅行、运动和赛道驾驶模式间进行切换。

凯迪拉克车系经常采用电磁式悬架系统（图 6-2-13），法拉利、捷豹、奥迪品牌的多款车型（图 6-2-14）也由于其快速响应的特点选择了电磁悬架。

电磁悬架的秘密主要都集中在减振器当中。位于前轴的减振器虽然在细节上和后轴减振器有细微差别，但是活塞中间都留有电控装置和相应的电缆，如图 6-2-15 所示。

图 6-2-13 凯迪拉克 XTS 配备电磁式悬架系统　　图 6-2-14 配备电磁悬架的奥迪 TT 主动悬架系统

磁流变液就是包含非常微小（3~10μm）的磁性颗粒的液体。其原始未磁化状态为自由游离态，此时黏度较低；当磁流变液流经活塞中的电控装置时，如果电控装置施加磁场，磁流变液中的磁性颗粒就会被磁化并规则排列，此时黏度就增加了。电磁悬架系统正是基于磁流变效应对减振器的阻尼进行调节的，从而达到控制主动悬架响应的目的，如图 6-2-16 所示。

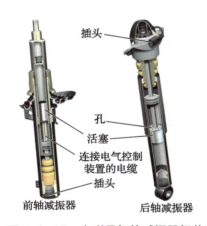
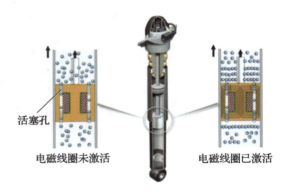

图 6-2-15 电磁悬架的减振器细节　　图 6-2-16 电磁悬架基于磁流变效应调整阻尼

由悬架电子控制器（ECU）、位于仪表盘的悬架调节指示灯、位于四轮的悬架调节控制器和车轮高度传感器组成的奥迪 TT 主动电磁悬架系统如图 6-2-17 所示。

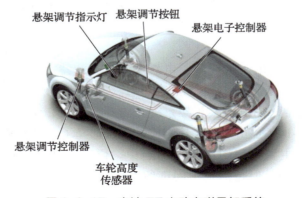

图 6-2-17 奥迪 TT 主动电磁悬架系统

4. "魔毯"悬架系统

安装"魔毯"线控悬架系统（Magic Body Control）的 2014 款奔驰 S 级车型如图 6-2-18 所示。该系统由多个传感器和执行器组成。传感器包括内后视镜后方的前视双目立体摄像头、三轴加速度传感器和车身高度传感器等；执行器包括弹簧支撑杆、电子控制器和由液压管路、机油泵、冷却器、机油储槽及控制阀组成的液压伺服机构等。

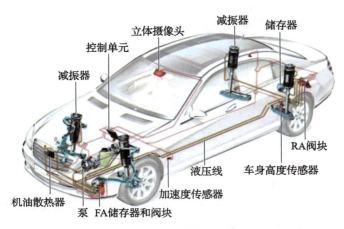

图 6-2-18 "魔毯"悬架系统

奔驰 S 级采用的双目立体摄像头有一定的距离探测能力，原理类似于人类双眼感知位置的能力。通过立体摄像头对路面进行 3D 扫描（图 6-2-19），然后控制魔毯悬架进行相应的响应。例如，传统悬架过一个小坡时，前轮势必抬高车身，而魔毯悬架系统通过立体摄像头感知路面高度上升而对应降低悬架，此时车身仍能保持很好的水平姿态。

图 6-2-19 魔毯悬架系统通过立体摄像头感知路面高度

液压伺服机构可由电子控制器控制快速地通过液压调节车身高度。其具体工作原理是通过液压阀调节机油量和压力，从而当车轮遇到障碍上升时，快速抬高弹簧支撑杆中的活塞，此时车身的垂直运动实际被抵消而大幅消减了，如图 6-2-20 所示。

综上所述，魔毯悬架并没有像空气悬架那样通过空气压力调整弹簧支撑力和减振器阻尼，也不像电磁悬架和 CDC 液力悬架那样主要调节减振器的特性；魔毯悬架直接通过液力伺服机构快速调节弹簧支撑杆上下运动，再配合立体摄像头，让车身在各种路面上保持水平。

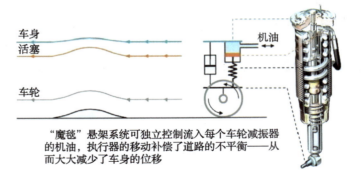

"魔毯"悬架系统可独立控制流入每个车轮减振器的机油，执行器的移动补偿了道路的不平衡——从而大大减少了车身的位移

图 6-2-20　液压伺服机构

拓展阅读

2020 年 11 月 24 日，习近平总书记在全国劳动模范和先进工作者表彰大会上指出，"在长期实践中，我们培育形成了爱岗敬业、争创一流、艰苦奋斗、勇于创新、淡泊名利、甘于奉献的劳模精神，崇尚劳动、热爱劳动、辛勤劳动、诚实劳动的劳动精神，执着专注、精益求精、一丝不苟、追求卓越的工匠精神"，强调大力弘扬劳模精神、劳动精神、工匠精神。

劳动者素质对一个国家、一个民族的发展至关重要。当今世界，综合国力的竞争归根到底是人才的竞争、劳动者素质的竞争。这些年来，中国制造、中国创造、中国建造共同发力，不断改变着中国的面貌。从"嫦娥"奔月到"祝融"探火，从"北斗"组网到"奋斗者"深潜，从港珠澳大桥飞架三地到北京大兴国际机场凤凰展翅……这些科技成就、大国重器、超级工程，离不开大国工匠执着专注、精益求精的实干，刻印着能工巧匠一丝不苟、追求卓越的身影。

在日常生活中，我们要怎么践行工匠精神呢？不妨来看看桑塔纳国产化的故事。

改革开放之初，我国引进了现代化的桑塔纳轿车，但是国内当时却没有与之相适应的现代化的零部件生产体系，众多汽车零部件生产企业的生产批量、技术水平、质量保障和现代企业管理能力均无法满足桑塔纳的装车需要。这个时候要怎么解决这个问题呢？不建立起具有技术质量保障的现代化零部件生产体系，我国就不可能建立现代轿车工业，引进桑塔纳这样的现代轿车就毫无意义。在 1985 年上海大众公司正式成立时，桑塔纳的国产化率只有 3%；两年后的 1987 年，桑塔纳的国产化率仅为 5%，远远没有达到预想的目标。

有些企业认为遵循德国标准会被"卡脖子"，想要降低验收标准，他们说国内的经济和人民生活水平还不高，道路状况也差，能不能从实际出发，灵活一些，搞个过渡标准，待国内生产条件改善后，再逐步提高质量要求，这样可以给桑塔纳国产化一个缓冲。工匠精神的内涵是"执着专注、精益求精、一丝不苟、追求卓越",降低汽车零部件的标准显然是不符合工匠精神的。工匠精神并不是空洞的口号,如果我们在实际的工作过程中不能践行工匠精神,那么就可能会发生各种意外事故。

时任国家经委副主任朱镕基提出成立"上海桑塔纳轿车国产化共同体"的倡议,其设想内容是:桑塔纳国产化对中国建立现代轿车工业具有直接的和现实的意义,鉴于中国汽车工业基础力量薄弱、一家单干难以完成,应该动员全国各方面的力量,建立以整车为龙头、零部件企业利益为纽带,科研院所和高校参加的跨行业、跨部门、跨地区的"产学研"相结合的"桑塔纳轿车国产化共同体",集全国之力"把我国轿车工业搞上去,达到国际水平,进入世界市场"。

1988年7月1日,"上海桑塔纳轿车国产化共同体"在上海召开成立大会。来自上海市工业系统各主管局、汽车拖拉机联营公司、航空工业公司和中汽系统、航空航天系统等共105家定点配套单位,及16家高校科研单位和银行的130名代表参会。以产学研共同体方式来推进桑塔纳国产化,客观上集成了社会资源,打破了条块分割,实现了跨地区跨部门联合,重新梳理和改造了零部件行业,整合了行业资源。不少共同体成员单位经历了这番历练之后成为行业老大或龙头企业。一位消声器生产企业负责人说:"是共同体帮助我们达到了德国标准,置之死地而后生。"更多的企业得到了脱胎换骨的技术改造,调整了产品结构,跻身于先进零部件制造企业行列。事实说明,共同体为桑塔纳国产化奠定了共同发展、责任共担、成果共享的平台,为桑塔纳国产化提供了技术和利益保障。

通过四年艰苦卓绝的努力,桑塔纳国产化终于喜获硕果。1991年4月,上海大众举办了"上海桑塔纳轿车国产化汇报展览",来自全国50余家跨行业、跨地区的零部件企业展示了国产化的成果,这预示着中国现代化的轿车生产体系已初步建成。数据显示,从1987年上海桑塔纳国产化率5%到1991年达到70%,关键零部件,如车身、发动机、变速器三大总成和前后桥总成相继实现国产化。同时,上海大众宣告年产6万辆整车和10万台发动机的产能已经形成,并建立了符合德国大众质量标准的全国180余家零部件企业所组成的配套体系。1991年8月,上海大众结束了以进口散件组装生产轿车的方式,终于实现了国产化。

践行工匠精神不能搞"瓜菜代",我们在日常的工作中也需要有这样的精神,每一个步骤不能"差不多就行了"。若实训要求做好个人防护、在场地外树立警告标识,这时候我们如果不做好安全工作,那就会给自己和同事带来安全隐患,这肯定不行;若维修车辆时草草了事,给用户带来安全隐患,这肯定也不行。凡事不糊弄、精益求精,这就是桑塔纳国产化给我们带来的启示。

任务分组

学生任务分配表见表6-2-1。

表 6-2-1　学生任务分配表

班级		组号		指导教师	
组长		学号			
组员角色分配					
信息员		学号			
操作员		学号			
记录员		学号			
安全员		学号			
任务分工					
（就组织讨论、工具准备、数据采集、数据记录、安全监督、成果展示等工作内容进行任务分工）					

工作计划

按照前面所了解的知识内容和小组内部讨论的结果，制定工作方案，落实各项工作负责人，包括任务实施前的准备工作、实施中主要操作及协助支持工作、实施过程中相关要点及数据的记录工作等（表 6-2-2）。

表 6-2-2　工作计划表

步骤	工作内容	负责人
1		
2		
3		
4		
5		
6		
7		
8		

进行决策

1）各组派代表阐述资料查询结果。
2）各组就各自的查询结果进行交流，并分享技巧。
3）教师对各组的计划方案进行点评。
4）各组长对组内成员进行任务分工，教师确认分工是否合理。

评价反馈

1）各组代表展示汇报 PPT，介绍任务的完成过程。
2）以小组为单位，对各组的操作过程与操作结果进行自评和互评，并将结果填入表 6-2-3 中的小组评价部分。
3）教师对学生工作过程与工作结果进行评价，并将评价结果填入表 6-2-3 中的教师评价部分。

表 6-2-3 综合评价表

班级		组别		姓名		学号	
实训任务							
评价项目		评价标准			分值	得分	
小组评价	计划决策	制定的工作方案合理可行，小组成员分工明确			10		
	任务实施	能够正确检查并设置实训工位			5		
		能够准备和规范使用工具设备			5		
		能够正确认知汽车悬架构件			20		
		能够正确认知常见的几种线控悬架系统的工作原理			20		
		能够规范填写任务工单			10		
	任务达成	能按照工作方案操作，按计划完成工作任务			10		
	工作态度	认真严谨，积极主动，安全生产，文明施工			10		
	团队合作	小组组员积极配合，主动交流，协调工作			5		
	6S 管理	完成竣工检验，现场恢复			5		
		小计			100		
教师评价	实训纪律	不出现无故迟到、早退、旷课现象，不违反课堂纪律			10		
	方案实施	严格按照工作方案完成任务实施			20		
	团队协作	任务实施过程互相配合，协作度高			20		
	工作质量	能分工查找资料制作有关线控悬架系统应用的 PPT			20		

（续）

评价项目		评价标准	分值	得分
教师评价	工作规范	操作规范，三不落地，无意外事故发生	10	
	汇报展示	能准确表达，总结到位，改进措施可行	20	
		小计	100	
综合评分		小组评价分 ×50% ＋教师评价分 ×50%		
总结与反思				

（如：学习过程中遇到什么问题→如何解决的 / 解决不了的原因→心得体会）